誰不怕死？
疫情下的深度心理學想像

王盈彬、蔡榮裕 著

【薩所羅蘭的山】

陳瑞君、王明智、許薰月、劉玉文、魏與晟、陳建佑、
劉又銘、謝朝唐、王盈彬、黃守宏、蔡榮裕

【薩所羅蘭的風】（年輕協力者）

李宛蓁、魏家璿、白芮瑜、蔡宛濃、曾薏宸、彭明雅、
王慈襄、張博健、劉士銘

祝台灣

順利走過疫情最後階段

往全面開放及經濟復甦的路

「中華民國醫師公會全國聯合會」在疫情初期，成立「新冠疫情身心壓力照護專案」，我們貢獻想法和書寫的長文結集。感謝羅浚晅醫師和陳書喬醫師的全力協助，並欣喜陳炯旭醫師和張家銘醫師在多元面向的相互合作。自然地也滿懷感謝「醫師公會全聯會」所有幹部和行政人員。

心理的傷很難一眼看穿，如何在重大壓力下，仍可以保持想像力，並不是一件容易的事。理論上所涉及的深度心理學，我們借用精神分析的概念和經驗，對於那些不再只是「完整客體」的經驗，而是生命早年經歷生死攸關的心碎經驗下，當年焦慮和憂鬱的多重變型，至今仍如何流連忘返，並影響著疫情下的適應？

它們是如此破碎，不是一眼即可看穿，在被分裂而兩極化的情境下，需要一次再一次地在人世間，不是站在兩端點上論是非、爭輸贏，而是有著中間地帶可以思索，但這是什麼呢？它在那裡呢？（王盈彬、蔡榮裕）

序一

回首來時路！疫情紛亂下讓臺灣社會安定的一份力量！

羅浚晅

很高興能夠爲王盈彬醫師與蔡榮裕醫師的這本大作撰序！

我想先回到當初發起「新冠疫情身心壓力照護專案」的時空氛圍講起。當時國際新冠疫情已經延燒近500日，臺灣在嚴格的邊境管制與良好的公民素養下，社區疫情始終是零星發生；直到2021年5月15日（週六）近中午，媒體消息傳出疫情大升溫，萬華出現感染熱區，本土確診爆量爲180例；當日中央流行疫情指揮中心記者會的網路觀看次數逾57萬次，臺灣社會慌亂，人心開始浮動！八點檔的政論節目也爲此緊急加開周六、周日晚間直播節目，連續兩天我都在媒體最前線，給自己的任務只有一個，忠實呈現國內疫情現況，避免人心過度慌亂，持續穩住防疫該有的專業判斷與節奏。

心裡的另一個聲音是，根據其他疫情走得較快的國家顯示，疫情之下民眾的心理健康普遍受到重大衝擊，但因爲大家都著眼在確診數、重症死亡等議題上，這些重要的健康威脅反而容易受到忽略。後來的日子，確診數不斷上揚，校正回歸、疫苗短缺、朝野政治攻防紛擾不斷；雙北民眾自發性的減少外出，國人每日緊盯著確診數字，殷殷期盼疫苗抵臺，耳邊鎮日傳來救護車的聲響，北病南送，全國醫療量能逐漸吃緊。我總覺得是需要建構一個全國性身心照護平台的關鍵時機了。

2021年6月6日中午時分，我和王醫師提出這個建議，他非常贊同，短暫討論思考後，蔡醫師也願意加入，三人臨時群組就開始積極地運作起來。因爲沒有過去的學習範例，我們試著尋找一個大家都能接受的平衡點，畢竟身心精神醫學的理論範疇既深且廣，學派也多；王醫師與蔡醫師都是精神分析學派的大師，面對社會大眾的多樣需求與理解能力，最終決定的呈現方式是，對於每一個主題都有不同層次的思考切入點，「一般民眾版」、「給疫情下第一線醫護相關人員的想法」與「給醫療心理相關專業人員的想法」；我們知道這樣的分類撰寫只能算是一種主觀理想性的建構，也猜測最後的結果是社會大眾可能會交叉看著其他人的版本，但或許這會是一種社會同理的過程，也是在疫情高度緊張下，化解分歧對立、增進彼此包容的可能路徑。

從第一篇〈那一針的重量〉開始，就可以感受到兩位醫師的熱情與執著，因著長年的臨床實務與專業涵養，文字產出的速度相當驚人，「疫苗選擇」、「疫苗恐懼」、「匱乏感」、「失落感」、「感動和行動」、「妥協和堅持」，短短的半年內，醫師公會全聯會官網爲此計畫所設立的專區，已經掛上了76篇專論。與其說這只是疫情下的身心照護資源，不如說這是一個在2021年間臺灣人內在深層的共同記憶庫，我們共同奮鬥過、堅持過，即便未來疫情結束，這個記憶庫不會被遺忘，它會永遠保有獨特的韻味芬芳，歷久彌新！

感謝全聯會邱理事長的大力支持，還有許多不同科別醫師先進們的戮力付出，在此專案計畫的同時，我們也邀請了87家基層身心照護診所，近百位專科醫師來參與遠距身心醫療照護工作；此外，更結合了衛福部的「醫事人員COVID-19心理健康支持方案」，讓醫療人員都能得到適當的心理健康照護。

在即將完成此篇序文的同時，臺灣新一波的疫情高峰正在醞釀當中。2022年5月9日，本土單日確診人數40263，令人感到較爲放心的是Omicron變異株下，99.76%患者都是無症狀或輕症，生死交關已經不是此際社會最大的困難。但令人玩味的是，快篩試劑已取代先前的口罩、疫苗，成爲新一波社會紛亂與政治攻防的焦點議題。人們也許會開始發現，重要的事情總是會以相似的面貌，重複性地呈現。社會對立的過程，雖然總是火力四射，但卻往往無關眞正的生死，議題底層下的潛意識糾葛或許才是人們應該彼此理解與包容的重要內涵。

在這個勇敢創新的過程中，除了敬佩王醫師與蔡醫師的無私奉獻外，我也要特別感謝陳書喬醫師的大力協助，因爲全聯會精神專科幹部不多，每一篇專論在編輯小組最後討論確認前，都經過陳書喬醫師專業仔細地審議校稿，這讓全聯會團隊在疫情繁忙下可以更加放心地全力衝刺。沒有人可以完全親力親爲，唯有好的團隊可以帶給社會更多力量，形成善的循環。2021年11月6日，王盈彬醫師、蔡榮裕醫師與陳書喬醫師都因爲在身心照護工作上的卓越貢獻，於當年度醫師節大會上，獲頒蔡總統親自署名的全國防疫貢獻獎（身心照護類），此可謂實至名歸，讓人同感尊榮。

疫情已經走到下半場，隧道口的光明就在眼前。此刻的我們要更謹慎小心，一步一腳印，走得沉穩踏實，才能避免散場前的踩踏危機，保全好每一個國民的性命與幸福。其實我在這個歷程的一開始就猜想會誕生一本專書，也許是基於一種強大的心念，亦或許是多年前三人相識時就擁有的深刻默契，我們願意共享這個緣分，給疫情下的當代臺灣留下深刻記憶，還有更多的理解、美好與可能！期待臺灣可以順利走出疫情風暴，每一個國人都能身體健康，心智澄明！

羅浚晅　於新北頂溪 2022/5/9
醫師公會全聯會／新冠疫情身心壓力照護專案總召集人

學經歷：
台灣大學醫學系學士
台灣大學法律系學士
中華民國醫師公會全國聯合會發言人
眾律國際法律事務所醫療法顧問
台灣醫事法律學會醫務執行長
中華民國基層醫療協會常務理事
台北市衛生市政顧問
新北市醫師公會理事

序二

疫情下的深層心理部門

王盈彬

很榮幸這次有機會參與由「中華民國醫師公會全國聯合會」主導成立的「新冠疫情身心壓力照護專案」的書寫，並與「臺灣精神分析學會」名譽理事長暨精神科前輩蔡榮裕醫師一同腦力激盪，著實是一件值得紀錄下來的事情。也感謝「中華民國醫師公會全聯會」發言人暨「新冠疫情身心壓力照護專案」總召集人羅浚晅醫師從中的大力整合，催生了這一個使用文字傳遞的元素，並有機會參與在疫情的實況中，讓這部分的心理資源採取一種可以與大眾連結的形式，並因此形成這樣的一種行動模式。

在世界精神醫學的發展脈絡中，精神分析曾經有其獨尊之時，而在台灣，也一直是一個令人愛恨交織的故事主角。從發展的面向來說，精神分析是一個願意嘗試深入人心的前驅者，也是一個願意思考接納異奇的學問和技術。在憂鬱、焦慮、恐慌……等各類精神疾病瀰漫的年代中，各種精神或心理治療項目如雨後春筍般的各處林立，台灣也從世界各地引進各類的專業理論和訓練，慢慢與在地的文化脈絡碰觸，精神分析正是其中一個重要的角色。疫情當下，除了各種原本就已經在各處運作的精神及心理介入模式之外，這樣的書寫梳理，也呈現出精神分析後設心理學的特色，希望從這些表徵世界的實況元素，來建構推演潛意識的運作模式，再回到意識層面，互相琢磨，並與台灣在地經驗與實況接軌。

最初在書寫時有一個相當大的猶豫，那就是精神分析在如此的疫情之下，是否可以做些甚麼來協助大眾？這一個命題，正如同在戰爭發生，生死在不斷交戰的同時，精神分析擅長的「深入思考」，會是站在什麼立場，來與這種急迫的狀態對話。病毒出現，疫苗跟著出現，病毒變種，疫苗也跟著變化，人類個體和群體所因應的行爲模式，也充滿著各種多樣化的表現，也一直在變化中，而從目前已被研究得知的潛意識的運作模式，可以探索出一些令人無法從表面理解的行爲背後所存在的可能脈絡，當然這不會是唯一的解讀或詮釋，但是如果可以藉此，讓惶惶人心進行更多且深入的被認識與理解，有可能被安頓並疏通，那麼就有機會讓更多行爲或想法的歧異，有了可以不斷對話的平台和視野，讓共存的發生有了一種現在進行式的節奏。

精神分析和精神醫學一直是互相協助的角色，儘管彼此之間也有一些衝突，然而，這更反映出我們每個人和每個所屬團體之間，存在的合作和衝突，也有其中來回的協調與拉扯。精神醫學雖然爲全人醫學領域的一個分支學門，大家也不會不常聽聞其與其他分支學門之間的碰觸歷程。即使在疫情之下的科學論證與執行，也同樣和不斷合作與衝突的人性本質擦出火花。如同文章中有提及的生與死，看似絕緣的兩端，卻牽動著生命的開始與結束，合作也是，衝突也是，人命的存歿，病毒的存歿，我們有沒有機會站在另一個獨立的位置，在兩端之中思考運作，解答一些尚未有答案的矛盾及混亂的現象。可以解答的，未必有相應的作爲可以運行，這也需要各界更多的交流與整合。

很清楚的是，沒有一個唯一的作爲或指引可以解決這多變的疫情，因爲不只是病毒本身的衝擊，世界各地因應這樣的衝擊所啟動的反應，也連動著各地的風俗民情，各地的風俗民情也是多元組合的本質，因此只能採取最大公約數的方式來進行執行安全的考量，而且是「滾動式」，隨時進行適度的調整。疫情之下活著，才有希望和未來；

如何活著，會是接下來的考量；活著可以如何作爲，牽涉到個人與環境的關係；生病和死亡，也是在活著的時候存在的元素，又會被如何考量？以上種種，都是最基礎的命題，當然，以目前政府的作爲方式，得以讓大多數的人並不需要直球面對這樣的議題，但是我們每天的生活，也就立基在這些命題之上，繼續生活著。

王盈彬　2022/5/9

臺灣大學醫學系學士
英國倫敦大學學院理論精神分析碩士
精神科專科醫師
臺灣精神醫學會會員
臺灣精神分析學會監事
前奇美醫院精神科主治醫師
現任成大醫院暨奇美醫院精神醫學部臨床心理治療督導
現任國立臺南藝術大學駐校校園諮商暨督導醫師
現任王盈彬精神科診所暨精神分析工作室主持人

序三

病毒與疫苗的恩怨情仇：如何不陷進二分撕裂裡而能持續思考呢？

蔡榮裕

這是2021年6月起，盈彬和我在受邀下的合作書寫，現在我們將這些系列文字結集。疫情仍在很難百分百說得準的狀態，但各國都漸傾向開放來面對了，雖然這不是意味著就沒事了。感謝「中華民國醫師公會全國聯合會」（以下簡稱「醫師公會全聯會」）在疫情下，成立的「新冠疫情身心壓力照護專案」，盈彬和我在「醫師公會全聯會」發言人／新冠疫情身心壓力照護專案總召集人羅浚晅醫師的邀請下，參與這照護專案小組的活動，也感謝陳書喬醫師在這過程的所有協助。

回頭來看，台灣在相關單位的警覺和反應快速下，不讓疫情在起初難以收拾，而能一步一步起伏走到現在。

這時回頭來看，談談當時開始書寫這系列文字時，心裡的一些些心思做爲紀念，在困局下所做的某些思索？在明顯有著政治立場分裂下，對於疫情的解讀，對於疫苗品牌的選用，容易陷在二分撕裂的反應，但是臨床經驗提醒自己，我們如果過早地跳進這種二分法下的爭議，會挑動的不只是眼前的事務爭議，而是讓更深層的心理衝突，在疫情不確定的未來下更被放大。這可能使得我們所寫的想法，變成只是助長這種撕裂的氛圍，然而如果只是這樣，我們又何以踩進這種爭議裡呢？

不可避免的事實是，「醫師公會全聯會」的理事長是目前執政黨的不分區立委，但是就我們的了解，「醫師公會全聯會」在防疫過程，也得站在全國各科醫師的立場想事情，但這和政府的立場不必然完全相同，而不必就是得替政府背書所有政策。只是也深知防疫這件事，不可能完全和政治無關，畢竟愈要這麼說，可能愈顯得在替政治服務。這也是盈彬和我受邀開始書寫這系列想法時，一直繞在心中的課題。

如何不陷在二分的分裂裡呢？有這麼容易做得到嗎？我們是假設很困難做得到，但也不會因困難就算了，而是讓這個心思一直環繞著。從第一篇文章到目前爲止，要出版時的最後一篇，可以說都不曾眞正的做到過，不陷在二分的撕裂裡來來回回。畢竟，就事情論事情時，不是那麼單純的假設，自己可以做得到不陷進二分撕裂裡，我寧願假設，就是可能會不自覺如此，以這樣的態度讓自己保持著，不斷觀察和思考的空間。

就算書寫這序的此刻，已是疫情較平穩但仍有一些社區傳播的狀態，仍可以從政治的攻防裡，看見政治是如此深刻地影響著，以科學做基礎，以人性做舞台的防疫工作，是多麼困難的事情。我們的文字是希望能夠讓民眾和醫療人員，在如此重大壓力下仍能保有思考的能力，而不是在疫情不確定的處境被淹沒，甚至因此發生傷害自己的舉動。但這是我們的觀察和描繪，能夠幫得上忙的情況嗎？

其實，我是抱持著不確定的心情。因此整個過程的書寫，只能說盈彬和我盡力的，從收集眾多國內外的新聞報導，以及疫情相關科學知識的進展，以及每天下午兩點指揮中心的疫情記者會裡，從這些資訊裡來思索，其中反映著什麼不被自覺的心理學運作著？

精神分析的論點或經驗可以幫上什麼忙？當然也得思考是要幫什麼忙呢？也得自問，我們眞的知道一般民眾和精神科相關的醫護們，需要的是什麼嗎？

我也深知這些文字仍有它們的難度，在精神分析理念的不易理解，和疫情的難以預測之間，如何讓我們的話語可以帶來思考呢？這本就不是一件容易的事，何況盈彬和我更是抱持著，精神分析對於人的理解仍是有限，而疫情的情境是如此巨大的外在現實，我們如何在這當刻能夠克服自己對未知的恐懼，還能保持著思考並想像，如何說明我們的經驗，讓大家一起來想像呢？的確是個難題，至今要出版了，覺得是還未完全解決的難題。

在這些文章裡，每三篇有著相同主題，為了讓不同人閱讀，因而有不同的細節描繪。不過就算是我們分成，「一般民眾版」、「給疫情下第一線醫護相關人員的想法」、與「給醫療心理相關專業人員的想法」，這只是我們的想像和人為區分罷了。畢竟現實上每個分類裡都有著千百種差異，有不同的了解和解讀方式。在疫情下，談論我們所發現的各式問題時，都是需要以事實做基礎，但就算相同的數據，也都會有不同的解讀，這當然也讓我們想著，既如此，那麼我們如果堅持，從人的主觀心理出發，來談論疫情下發生的種種現象，是有著它的需要。

雖然我們不可避免的，有著心情和心思，希望我們的文字可以被閱讀、被思考、被討論，進而在疫情下，在不可確定的重大壓力下，能夠在閱讀文字後，可以有著更多的思考，進而帶來穩定心情，有著持續可以創造的態度。

最後，祝福大家，可以在疫情下度過難關，也祝福台灣的永續發展。（2022.03.31）

蔡榮裕

精神科專科醫師
前松德院區精神科專科主治醫師
臺灣精神分析學會名譽理事長
臺灣醫療人類學學會會員
高雄醫學大學阿米巴詩社社員
松德院區《思想起心理治療中心》心理治療資深督導

目錄CONTENTS

序一　回首來時路！疫情紛亂下讓臺灣社會安定的一份力量！（羅浚晅）… 6

序二　疫情下的深層心理部門（王盈彬）… 11

序三　病毒與疫苗的恩怨情仇：如何不陷進二分撕裂裡而能持續思考呢？（蔡榮裕）… 15

2021.06.23星期三

那一針的重量… 26

2021.06.26星期六

等待解封中的遙遙無期… 37

疫情下公衛政策和個體之間的衝突… 41

2021.07.07星期三

疫苗心理學… 47

拒絕疫苗注射的潛在無力感… 51

2021.07.09星期五

疫情下的無助感… 59

疫情下的無助感如何反應在對疫苗的態度… 68

2021.07.13星期二

不是句點的無望感：有時，有了疫苗，才把它映照出來… 72

當有了疫苗後，無望感卻可能反而出現？… 76

無望感：還未發展出疫苗的心理瘟疫… 80

2021.07.16星期五
都是我沒做好⋯ 84
罪惡感（罪咎感）的多重樣貌⋯ 88
罪惡感會如何傷人傷己，卻是難以剎車⋯ 91
2021.07.16星期五
你和我不同嗎？淺談分裂機制的防衛⋯ 95
某些壁壘分明原就難以相互說服，漫談分裂機制的影響⋯ 99
兩極化裡的心理防衛機制：深談分裂機制引發的難題⋯ 103
2021.07.23星期五
分裂了，該怎麼辦？⋯ 107
漫談分裂機制：例如疫苗選擇所誘發的心理困局⋯ 111
疫苗恐懼裡另有潛在的恐懼：分裂機制的僵局能被整合嗎？⋯ 115
2021.07.27星期二
我想要最好的疫苗，有嗎？這是過於理想化嗎？⋯ 118
當「理想化」變身成嚴厲的武器時，會是什麼樣貌呢？ ⋯ 122
當「理想化」化身成分裂機制的內心戲時⋯ 126
2021.07.31星期六
疫情下理想化的多重面貌⋯ 129

理想化的心理因素帶來的撕裂現象… 132
理想化所隱含的「自我理想者」和「超我」的嚴酷… 135

2021.08.03星期二
這都是憂鬱嗎？… 139
從口罩荒到疫苗荒有多「荒」？被重複挑起的憂鬱心理學… 142
重複說未來疫苗會不足？失落和匱乏的憂鬱心理學… 146

2021.08.11星期三
你解釋的，我有自己的詮釋？以疫苗覆蓋率爲例… 149
解釋和詮釋的差異，對疫情訊息接收的影響？先談解釋… 153
解釋和詮釋的差異，對疫情訊息接收的影響？談談詮釋… 156

2021.08.17星期二
台灣，眞這麼糟嗎？恐慌裡潛在的匱乏感與失落感… 159
催眠般說需要第三劑疫苗，引發的匱乏感和失落感… 162
疫苗荒？從荒到慌，從匱乏到不安，從憂鬱到焦慮的層次感… 165

2021.08.24星期二

口罩後的世界，看創造力這件事… 168

疫情壓力如石頭，心理的花朵如何有創意開放呢？… 171

在無可確定的未來裡，觀察生死苦難裡的創意… 174

2021.08.31星期二

疫情下，集體歇斯底里適合被用來說明某些群體反應？… 177

集體歇斯底里是汙名化？或是好名稱描繪某種群眾反應？… 181

表面情緒裡，隱藏著更深層二分撕裂的你死我活… 184

2021.09.07星期二

用力的守護，卻引發用力的反擊，談談投射認同… 188

滾動式調整，被接受或難被接受的心理學：略談投射認同 … 192

不滿和痛苦翻攪裡，心理的投射認同有多深沉呢？ … 196

2021.09.14星期二

跟著偶像打疫苗，應該沒問題吧？ … 200

投射認同：推想疫情壓力下影響決定的原始因子 … 203

投射認同：爲何在疫情下相互溝通容易走往壞的心思？ … 207

2021.09.21星期二
各種疫苗的族群，怎麼會這樣？ … 210
生死交關的想像，投射認同的心理碎片如孤島… 213
疫情下破碎的投射認同，以四散的家族移民來比喻 … 215
2021.09.28星期二
尚未接種者，要如何挑疫苗？ … 219
回到過去，是去蕪存菁挑選事實嗎？ … 221
莫名的痛苦：分裂機制裡找出兩種對立的名稱… 224
2021.10.05星期二
爲什麼不隔離就好了？… 226
忍了很久了是什麼意思呢？把惡夢趕走就好了？… 229
爲什麼不說淸楚就好了？無法命名的恐怖感… 232
2021.10.12星期二
我想通了一些事… 235
我們的職人技藝：創傷破碎心理經驗的整合… 239
我們的職人技藝：碎片如孤島般心理創傷經驗的聯結… 243
2021.10.19星期二
坐而言，起而行… 246
我們的職人技藝：創傷心碎裡，詮釋如何影響未來… 249

我們的職人技藝：創傷心碎後，心理一層再一層的建構… 252

2021.10.26星期二

誤會一場… 255

如果誤會是了解自己和他人的起點，這是什麼意思呢？… 259

常寧願處在誤會裡，以便覺得自己的答案是對的？… 262

2021.11.02星期二

感動和行動… 265

不確定的疫情，需要多少誤會讓自己不被恐懼淹沒？… 268

重大壓力下的恐懼，同理心有多少誤會做基礎？… 272

2021.11.09星期二

妥協和堅持，是敵人或難兄難弟？… 275

爲了原則而不妥協，這是實情，還是錯覺？… 278

沒有妥協這件事，有的是妥協和堅持？… 281

跋 疫情尾聲談「反移情的恨意」後再出發… 285

日期：2021.06.23星期三

那一針的重量

（民眾版）

疫苗如火如荼的開打了，在彷彿救命仙丹的使命下，大家順著政府的規劃建議，可以選擇精神振奮的進入施打場所，露出臂膀，接受那一針；當然也有因為身心情況暫時不適合，而持續等待觀望的同胞們。這些即時的選擇，裡面都隱含了人們對生命價值常態考量的正常焦慮，即使這樣的焦慮可能也有出現一些身體反應的感覺，但是尚不足以影響每個人的日常生活步調，也就可以在大家的想法中，像有機體般的發酵，不至於停滯而煩擾。

雖然大家都知道，對抗COVID-19的疫苗，是集合世界各國多年來醫療生物科技的智慧結晶，並且在極短的時間內，在疫苗產業長年安全運作的基礎上，為了人類的存亡而被催生而出，成為與病毒戰爭時的一劑重要的保命藥，此刻擁有它不表示不會受感染，而是可以保住受感染後的生命，並同時保留醫療的餘裕。但是，是否因施打疫苗而死亡的陰影與施打疫苗而存活的希望卻同時出現了，打擾了原本一片充滿光明的當下與未來，雖然目前多數已知死亡原因的指向，並非是疫苗的緣故，但仍對人們產生了一定程度的心理衝擊了。

各方報導反映了在施打疫苗的短時間內，陸續有人命消殞了，雖然不盡然發生在自己的周遭，雖然死亡數字尚在可以被合理解讀的範圍內，但是死亡畢竟是一件頗大的事件，很難讓人不去注視和想像。雖然理性上我們都知道，導致死亡的因素本來就相當複雜且多元，大致可以區分爲體質內在因素、環境外在因素、其他未知因素，但是我們總傾向於做一個最後的歸因，除了各種現實的需要之外，或許也有一種功能，就是用來避免未來的死亡，減少面對可能死亡的焦慮。於是我們看到了至少兩種焦慮，一種是面對疫苗所產生的焦慮，一種是面對死亡所產生的焦慮，只是在急迫的壓力之下，這兩者總是混雜著出現，而各自需要適當的回應來承接並消化。

眼見爲憑的死亡衝擊，強烈的情緒震撼當下，如同一種正在戰場上，面對子彈不斷從四周而來，不長眼的穿梭與攻擊，此時的焦慮也伴隨著恐懼，會啟動本能身體的反應，迎戰或逃走，無法有太多纏繞的思緒，就像一場賭局，下好離手，也就無法在進行細緻的全面客觀的考量後，做出決定，往往只能事後檢討。當然如果經驗多了，也存活下來，直覺就會越來越精準，只是大家面對死亡，實在很難有所謂的很多經驗。也因此，當「疫苗」和「死亡」同時擺在眼前，多數人會比較強烈的注意到「死亡」，各種客觀的數據也會在此時突然變成透明般的失去了意義，也就是有一種因爲面對死亡而起的焦慮，淹沒了大多數的客觀。

此時，要如何把「疫苗」相關的醫學科學的思辯論證，甚至是等待眞相大白的過程放進來思考，這會是像當年哥白尼的日心說，或是達爾文的演化論，所引發的人類或地球不再是世界中心的主人的內心風暴嗎？當人類不再是所謂的運轉中心時，該如何承受這一個失落，甚至接受這樣的遺憾，就如同死亡降臨，我們失去了掌控一般？解剖檢驗是一種醫學的手段，作爲呈現死因最終且最客觀的科學判斷，但是這樣的手段，最終可以完全消化掉在這之前所已經累積的情緒，和情緒所衍生的想像嗎？這些問號之後，多數可以有些答案讓我們安心，不妨我們也回頭看看，這些問號之前，也有些事情值得想想。

想想一個大家平時會接觸到的議題，是所謂的生命教育，也就是談生死。這個課題也許距離每個人的生活有不同的遠近，但是也就在此刻的生死風暴中，這些過去不自覺累積的訊息和想法，或多或少的浮上各位的腦海中，有一種勢必要進行積極考量的推動力出現了，就像平時的操兵演練，戰時勢必會自動的即時的出現整合和應對。同時間，醫學科學論證疫苗的影響，也已經在既有的專業基礎上，由許多的專家學者進行嚴謹的研究與判斷。

如此的搭配，正如在戰場上，前線戰士和現場指揮官必須發揮訓練的實力，做出現場的立即反應，來處理當下的戰況焦慮；而後勤參謀和戰情的研判，必須綜合各種資訊，做出全方面的戰略連動，方能保持持續的戰力；而這些隨著時間推進所累積的經驗，會累積成教育的內涵，可以代代傳承，並時時檢討。

那一針的重量

（給疫情下第一線醫護相關人員的想法）

民眾焦慮地來到我們面前，詢問著，這麼多死亡案例出現，專業醫師可以給民眾一個指引嗎？訊息流轉的各種群組中，「這些死亡目前看起來都和疫苗無關」，如此簡單的說法，已經無法說服民眾了，這是怎麼回事？身爲第一線醫療人員，除了專業回應之外，我們如何思考這件事？

在疫情侵襲下，生活失去了原本的秩序。小孩子在家上課，父母親卻發現，怎麼愛是如此不足，原本以爲可以面對小孩的耐心，怎麼失去了；對於原本常見面的朋友，突然無法如以前的聚會，吃吃喝喝，這原本是忙碌工作後，調劑人生，增進生活樂趣的事情，都暫緩了；甚至有人會覺得，生活不知何時可以再回復；有時候這個疑問甚至會擴大到，是不是眞的不可能再回復到以前了？

雖然有著人生如流水的灑脫，但在目前的疫情下，這種灑脫甚至變得有些好玩，那些想法變成像在嘲笑自己，你卻覺得一點也不好笑，甚至覺得就這樣子，好日子不再回來了，那些原本想像和期待的都背叛了你，它們自己跑出去流浪了，只留下你一個人在孤單。雖然有著家人在旁邊，但那反而是你工作後壓力和焦慮的來源，你擔心是否工作上會帶來病毒，走進家門。就算專業讓你有足夠的相信，但這些原本簡單的相信，卻在此刻都找不到它們，或者當你在心裡呼喚它們時，它們只是半遮著臉回應你，讓你覺得更納悶，這是怎麼回事，怎麼先前在心裡會呼應你，讓你可以感到愉快自信的感覺，竟然不知道它們跑那裡去了。

加上工作的緊張和壓力，有時甚至不覺得自己有緊張的感覺，只覺得有股難以說清楚的不安，甚至連是不是不安，都不確定了。唯一可以確定的是，這是跟疫情有關，只是你也可能發現，好像不只是如此，除了跟疫情有關的壓力外，你可能覺得還有其它的，只是這是什麼呢？也許會有個你心中的答案，但你不太確定，雖然在目前的情況，你最想要的，就是確定的答案，可以回答讓你面對不確定的病毒和疫情。

我們嘗試開始描繪一些可能性，在以後的文字裡，我們會就其中的細節和想像，再加以逐步深入來談。在本文中，我們先對疫苗所帶來的可能心理議題，稍做描述。也許你是毫不猶疑地早就注射了疫苗，讓自己有保護力來保護自己家人和病人，但我們試著來談談你周遭可能會遇到的，對於疫苗的不同態度的心理狀態，對我們來說，是預設面對重大的不確定性時，我們這時候的情感和想法，通常不會只是反映著眼前的事情，例如對於疫苗感到不安的人，是大有人在，你如果也是站在這種懷疑立場，而希望採取審慎態度者，自然也是可以被接受的，畢竟每個人的身體是自己的。

我們後續所提出的心理假設，也是站在這種尊重的態度上，相對於我們如果想要對於一些重大事件的心理推想，尤其是一般說的潛意識或無意識可能如何想像時，我們會提出一些假設做爲思考的起點，但不必然就是最後的答案，我們以後會系列探索這些疫情下的種種現象和困惑的深度心理學，每篇文章我們只能談一些些，歡迎大家持續跟著我們來慢慢想些事情。

例如，目前對於疫苗的要求和期待，是否它可以不會有副作用，是絕對的安全性，我們不能說這種期待是不對的，這是重要的推動力，讓醫學得以持續發展，但在這裡我們先試著提出一個想法，做爲後續的想像，如果我們主張對於疫苗的焦慮和恐懼，如目前可能是你的病人的態度，你可能會覺得某些人的反應是還合理，但是有些人的反應好像不可思議，太不符合常情了，因此會覺得想說服他們，卻發現有些難，甚至你會發現對方後來可以接受，可能並不是那些科學的論點，因爲那些論點不是百分百的答案，而是對方好像只是基於覺得和你關係不錯，所以相信，但這是怎麼回事呢？

那一針的重量

（給醫療心理相關專業人員的想法）

在疫情下，不論你對於是否要注射疫苗，有你個人的主張。這些主張，可能是來自於很多的管道，或只是簡單的個人生活哲學，不過我們相信你感受到的，不太會只是在科學論辯下，疫苗是否安全，是否有副作用，是否會帶來致命的結果。科學總有其侷限性，以及在緊急授權的疫苗下，不是如平常時候的科學研究流程，似乎更帶來了不少的不安焦慮。

從現象來看這些焦慮不安，是有著現實的基礎，做爲說明自己感到焦慮的理由。從這個方向來應對，是一個角度，不過如果我們試圖讓自己有些疑問，例如，如果內在心理學裡，焦慮是內在衆多心理因子相互權衡後，所綜合呈現出來的樣貌，那麼內在還有那些情緒、情感或想法，在共同運作著，只是它們不容易被感受到、被想到。

如果我們假設深度心理學是存在的，那麼就得嘗試假設，在外顯的焦慮症狀外，還可能另有其它情緒、情感和想法，是處於我們熟知的潛意識或無意識裡。它們有著什麼呢？我們想要在系列文章裡，從和疫情相關的種種現象，來慢慢剖析這個假設，畢竟我們早就知道，「意在言外」或「盡在不言中」，這裡有著豐富的情感和想法，這也是心理工作者必備的自我覺察。

讓我們嘗試來探索和想像，這些意在言外或盡在不言中的感受和想法，可能有著什麼值得大家來觀察，並了解可能會如何影響我們的判斷，尤其在疫情下，是在高度緊張壓力下，所出現的一些難解或令人迷惑的現象，例如對於疫苗的各種想像，由於是在疫情當刻的壓力下，我們主張這時候所出現的情感反應、想法和行爲態度，不再只是對於當前現實事件的反應而已，也就是如果有焦慮，就不再只是反應眼前現實的焦慮而已，這是一個多層次的焦慮，因此我們也假設，除了基於眼前現實而焦慮外，還有著每個人從小到大的成長過程中，以各種樣貌存在的深層或原始因子所帶來的焦慮。

這些焦慮會是以組合的形式呈現出來，因此我們很難馬上就知道，浮現出來的焦慮裡，有著那些成份的起源。我們甚至假設，這些焦慮可能仍不是最深層的心理動力，只是更內在的心理因子所拱出來的心理感受，可能另有更令人恐懼的其它情感存在著。不過這些都是假設，雖然在我們的臨床經驗裡是如此，但這是難以在認知上說明給對方聽，對方就會接受是那個答案。例如，目前的疫苗戰是一場和假訊息搏鬥的認知戰，或涉及更深層原始心理的心理戰呢？兩個想法不是相衝突，而是我們要藉由這個疑問，做爲後續進一步思索的方向之一。

因爲我們可以輕易的發現，就算在澄清了某個假的認知資訊後，如果再有另一個假訊息對認知構成挑戰，那種恐懼的心情，馬上就又被挑動起來，這種現象是在提醒我們，除了外顯的認知概念外，還另有其它不知的深層心理在眞正作用著，當然這麼說也只是一種假設，如果我們無法有其它假設，就可能以爲只是想法的問題，而忽略了這種生死交關的重大焦慮背後，有著更深層的心理在左右著，可能會讓我們錯失了面對眞正問題的機會。

雖然我們仍不可忽視，外顯的焦慮的處理也是重要，在這裡我們只是嘗試提出，在這種處理之外，如果遭遇困局時，是否還另有其它可能性，其它出路，有出路的感覺很重要，我們會接下去談論。

日期：2021.06.26星期六

等待解封中的遙遙無期

（民眾版）

再一次延長了三級警戒的維持日期，自五月中以來，疫情急遽的延燒，每兩周一次地宣布，幾輪下來，大家的心情都如同經歷了幾場三溫暖，原本以為可以預測的事，是變得越來越難了，掌握越來越多的訊息，卻也沒有讓疫情等比例的降溫看到終點，那會是如何的心情轉折，不斷的用力想、用力感受，卻越來越無力的發出了疲倦的訊號。

在希望中夾雜著失望，彷彿瞪大了眼睛，看到了黑暗，卻想視而不見；彷彿打開耳朵，想用力聽到唯一的字句，掩蓋掉其它雜訊。所有感官的運作，讓原本的規律節奏，不得不改變方向，有了一邊忍耐，一邊不想忍耐的拉扯。每天出門上班的路上，夾帶一些出門踏青的心情，會有一些愉快吧；只是到達工作地點後，又開始了與病毒產生的各種效應奮戰；也很遺憾的是，有些人已經因此無班可上了。

這是一種「不確定感」，比起我們知道在擔心焦慮些甚麼事情，來的更爲茫然，臨床的經驗中，不乏遇到這樣的描述，「我感覺到一種靜不下來的感覺，但是腦海中卻是一片空白，有時想要用一種方式，讓自己失去感覺，不然好痛苦」。有些人在這個時候，會找一些事情讓自己忙碌起來，轉移一下注意力；有些人會找家人朋友，就是聊一聊聚一聚，也許會有一些解套的靈感；有信仰的人，也許會禱告念經，尋求靈性的滋潤；有些人會做運動，讓身體的感覺可以有些紓解；有些人會進行閱讀，自己找一下可能的原因；有些人會小酌一下或抽一根菸，讓自己舒緩一些；有些人看一下醫師，和醫師討論一下症狀，看是否有些藥物或醫學衛教來協助；也有些人，不知該怎麼辦，就也索性放著，等到更不舒服再來思考處理。換句話說，在這種不確定感還不知道是甚麼原因之前，我們已經開始進行很多的事，一方面想要安撫自己，一方面尋求解答。

這樣的不確定感，其實對大家的身心靈所造成的影響，可以有很多的變形表現。身體上會是許多大家熟悉的自律神經失調的症狀：頭痛、頭暈、耳鳴、口乾舌燥、胸悶、心悸、腸胃不適、頻尿、肩頸酸痛、腰酸背痛、皮膚過敏、無法放鬆、睡眠紊亂、無力感、食慾大增或沒有食慾……等。心理上常會出現焦慮感、恐慌感、憂鬱感、快樂不起來、注意力不集中、使不上力、不想接觸人群、想要讓身體有痛感、想要發洩情緒……等。靈性上會出現對生命的困惑、對人生的質疑、對自我的懷疑、對社會的猶豫感……等。如果已經明確造成了個人原本生活常規運作的影響，是一個提示我們需要尋求協助的訊號。

因爲影響的範圍包括身心靈的範疇，社會運作系統下的各種助人專業（醫療相關、心理相關、社會工作相關、靈性相關、身體相關……）都具備一定的重要性，準備承接。但也是因爲可以處理的角度太廣大，所以也就可以從自己主觀的需要開始，來來回回經驗並思考這樣的歷程。如果在接觸醫療專業的時候，也建議在客觀環境時間允許的情況下，多多與專家討論並整理思考，嘗試在不太勉強的狀態下，打開自己主觀中的一個空間，試著容納不同的想法和經驗，這個不同於原本自己所認爲的部分，雖然最後不一定是適合自己，但是在這個容納的過程中，我們常常會不知不覺的增加了處理「不確定感」的能力。

最後再補充一下，可能並不是所有人都會對「不確定感」這四個字有所感受和體會，也許不同人有不同的語詞來形容這種感覺，不過它大致是在描述一種我們身爲人卻難以完全掌握的狀態，有些人也許會以這是命運來形容自己的感受，但在臨床或日常生活裡可能會呈現出多重的樣子，有時甚至很難讓人們說出，這到底是什麼情況，而難以做出相對應的反應。往往是在這種相關的情境，再加上這些不確定感，雖然不必然是所有人會明顯感受得到，但它卻以一種隱微暗暗作用的方式，影響著人們，使得大家的確會覺得，前述這些現象是有那些關聯，不過我們只是嘗試提出這些經驗之談，請大家來一起想想。

疫情下公衛政策和個體之間的衝突

（給疫情下第一線醫護相關人員的想法）

一個重要且值得再細思的主題，在緊急危難時，個人有多少權益要因爲他人、家人、社會、或國家，而有所損失，以目前疫情下的疫苗施打來說，是有不少議題可以觀察和想像。雖然讀者可能會覺得，怎麼心理學不馬上提供可以派上用場的論點來說服大衆，讓大家接受爲了家人、朋友、和同胞付出心力的好處。但這是一種假設，認爲個人可以接受爲了社會群體，而讓自己的利益有所損失。但是當疫苗這種涉及安全和生死大事的情況，個體會有多少可能性，爲家人、朋友、親戚、國人……等不同親密程度者，做出這些利益他人、關懷他人或成全他人的舉動或心意呢？

先回頭來想一下，我們的專業心理學是什麼想像呢？首先，目前國外輸入的各式心理學，大都是建立在以個體爲基礎的心理學，最常聽到的語詞是，做自己、維護自己的權益……等，很多類似的語詞，都在表達著從個體出發的心理學，這是呼應著目前社會主流的聲音。每個人爲了自己而生存和生活，以做自己爲主要核心價值，雖然依著我們的臨床經驗來看，所謂做自己也是很複雜的主題，包含人對於自己是什麼，有多少個不同價值和想法存在於自己身上，而做自己是那個自己要做自己，雖然這麼說好像有些混淆，我們也無意說原本的傾向是錯的，因爲就主流概念或者你們遭遇的人來說，常是依著要強調做自己，要有自己的個性……等說法，因此要和這種意識層次的主流意見有所不同，是很困難的。

只是在疫情下會面對的難題之一是，個人的欲望和期待如果仍高於防疫的公共衛生政策的需求時，自然就會帶來矛盾。這種個體權益和群體利益之間的衝突，在平時也是存在的，只是在急難情境下，這些原本只是隱隱存在的矛盾衝突，就會大量地被驅動而浮現出來，不過並不必然所有人都會知道，這些矛盾衝突的驅力會聚合走向何方。從我們的經驗來說，可能形成焦慮、不安、失落或者常見的憤怒，而且常是針對想幫助他們的人。雖然前述症狀的起源是多重的，並不必然只是來自於這種矛盾衝突，也可能來自家庭工作和朋友等，但是在緊急壓力下，常是變成轉向針對幫助他們的人，尤其是第一線工作的醫護社工人員，因此常帶來一種不可理喻的互動經驗——怎麼這人把他的挫折，完全轉向要幫忙他們的專業工作人員呢？這是常見的委屈的來源之一。

只是對於急難壓力下的人們，會如此轉嫁情緒是如此常見，常會讓人分不清楚對方是故意如此，或是急難下挫折的反應。對於幫助他們的人，在那時候是有著如同小孩需要的母親般的百分百專注和照顧，只是我們在第一線工作時也深知，如果對他們說著這些道理，可能只是更增加衝突。何以如此呢？何以對方竟否認這些可能性？這是常見的情況，我們的假設是由於前述說法有不少是潛意識的期待，當事者在意識上的確不知道我們假設的那些情況。

這是醫療相關工作者常遭遇的難題，什麼時候可以指出這些可能性呢？在一般門急診病人，因其它症狀和問題來求助時，要說這些可能性的確不甚妥當。不過如果我們有了這些假設，也許我們就能夠慢慢在自己的臨床經驗裡累積如何處理，尤其是處理當下的無奈和不滿。

疫情下公衛政策和個體之間的衝突

（給醫療心理相關專業人員的想法）

做爲醫療或心理相關專業人員，很難說自己沒有個人的政治傾向和判斷，只是在專業訓練過程，大都是被期待著：讓那些個人的立場，不致於影響專業的判斷。但是不致於影響，是會有多少程度的不受影響呢？每個人的判斷和決定，以疫情下的個體和公共衛生政策之間的動態關係來觀察，是一個值得持續注意的課題。說是觀察，而不是馬上有處方的意見，是基於以下一些現象。

涉及的是我們所熟悉的各式心理學模式都是舶來品，這些心理學建構的基礎是以個人，尤其是個人的內在心理學做爲觀察和處理的焦點，這也是何以大家目前會覺得，替自己著想、尋找自己、做自己……等說法，都是很容易被接受的概念。雖然在我們的語言裡，同時有利他和利己的概念，但是在執行心理處遇相關事項時，會如何影響著我們的細緻決定，要有多少利他和利己的意見呢？這完全由個案決定，是目前舶來品心理學的基礎。但是否有些事除了利己外，也一定需要同時有利他的概念呢？這是由治療師來決定嗎？

例如，我們可以自覺或不自覺地，以個案對我們的信任，提議要配合目前疫情下的公衛政策，這也許是我們工作的日常，但這不是沒有爭議或猶疑，畢竟如果堅持著個體心理學的自己做出發時，我們真的有權力期待個案依著我們的建議嗎？這應不是全有全無的只能選擇一個答案，偏偏有些政策不是法律的要求，是有著個人決定的空間時，就會帶來爭議。

這是一個有趣的課題，是心理學在面對目前重大事件時，想伸手提出協助時，會遭遇的難題。雖然目前的現象上，承受當下的苦難者，常是不願意接受心理學相關的協助或諮詢，而是採取自己解決的方式，這有著多少是我們推崇的心理學教育成功的後果，或者有多少是人性在災難當下的心理需要。對我們來說，仍是所知有限，雖不致於一無所知，但是至少我們至今仍有納悶，何以災難下的人們，不是傾向尋找現有心理學相關的協助呢？也許涉及民眾如何看待心理學，以及他們是否覺得我們的理論，是他們早就知道的想法了，何需示弱來尋找心理學相關的工作者呢？

當然還有一個大難題，也是待發展的命題，我們的心理學專業裡，在個體心理學的基礎上，如何在這塊土地上，對於群體心理以及和公共政策之間的動力式關係，進行更進一步的思考。也許有些片斷的經驗和知識，但是要有成篇般的論點，則是仍待發展。尤其是何以在疫情嚴重下尋求心理學的協助，是不被群眾重視的。我傾向這樣認爲，這不全是公共政策的缺乏所致，而有著我們還未能了解的急難下的深度心理學，尤其是涉及個體和群體、利己和利他之間的心理學論述概念，還不是很周全，以致讓心理學的協助暫時被放在比較不重要的位置上。

日期：2021.07.07星期三

疫苗心理學

（民眾版）

疫苗陸續到位之後，各級政府單位竭盡心力進行一波波的施打安排，民眾聽候指示聚集在各地接種站，希望這疫苗的施打，可以加強大家的抗毒力，可以減少重病率，也可以避免醫療的過度負載，這是生物醫學的實踐。如祭典一般，疫苗不知不覺地成爲衆人信仰的護身符，同時在大家的心理上加持，以抵抗恐怖的瘟疫氛圍。當然不只有這樣的聲音存在，疫苗也在一些人心中，不知不覺的被徵召成爲攻防的城堡之一，也許想要展示的是身體、個人、群體，是誰擁有最終的生命自主權。在此刻，求生的態勢是最不容被侵犯的，每個人心中都有其對疫苗的想法和權重，因此疫苗並不盡如想像般的，可以讓所有人接受其當時科學客觀的角色。

雖然政府擬定分配施打的進度，是許多專家集中腦力，並參照過去一年來的國際疫情經驗，所訂出的最佳施打順序，用以發揮疫苗最大的效益。然而客觀的口令之外，疫苗掀起的政治學和心理學，毫不避諱地充斥在各種媒體社群中。要不要打疫苗、誰要先打疫苗、要打的話是選哪一家、爲什麼沒得選、爲什麼政府買不到足夠的疫苗、國產疫苗也準備出線了嗎、這是政治陰謀嗎、這裡面有利益交換嗎？

無法參與整個安排採購流程的大衆們，大家對眼前疫苗數量的不足和無法預測的未來，充滿不安或隨遇而安，進而再轉變爲各種不同的情緒，不滿、恐懼、坦然、耐心、感激……等。這也同時檢視著大家對我們周圍的人或組織的信任度，而疫苗正好位於烽火交接的樞紐位置，也就如同病毒般，被灌注了特別高的想像，在病毒啟動的戰爭氛圍，大家的心理狀態很容易就進入了非友卽敵的對立，因爲這是生死之戰。

這些存在大家心中的不安和疑惑，除了不斷揭露的科學事實和政治現實，可以慢慢的協助大衆釐清這些謎團之外，不可否認，在每個人的心中都有一把尺在漸漸成形或修正中，而這把尺和別人的那一把尺，或甚至是政府的那一把尺，乃至於國際上的那一把尺，都不盡然相同，有些人差別很大，有些人重疊而生。近期打得到疫苗的人，也許心都安了一半，近期打不到疫苗的人，也許心都涼了一半，眞的只有這兩種因果反應嗎？也有人在想，打不到自己理想的疫苗，這樣有足夠的防護力嗎？還有其他……等疑惑，這也是精神現實和客觀現實的拉鋸。

從小到大，我們都慢慢學會一件事，就是我以爲的世界，和別人以爲的世界，其實或多或少有所不同，如果沒有生存關鍵的差異時，這些不同通常就等待適當的機會，彼此交流，來保持一種文明或是君子態度的欣賞和溝通，有時會激盪出燦爛的火花，有時也會因爲看清楚了，然後保持適當的距離。但是如果涉及到生存的關鍵，這些不同往往成爲槍響的號角，侵略或防衛，殘忍或犧牲，彼此不斷的攻防，只爲了本能的求生之道。

這很重要，所以也就很激烈，甚至，榮耀的死亡，或不光榮的求生，也孕育而生。此刻的疫苗，即使其本質上科學客觀中立的存在，單純的只想增加人類抵抗病毒的能力，但是夾雜在這生死關鍵的樞紐位置，也就不得不參與這場生死的心理爭奪戰。病毒所引發的生死之戰，有其客觀的數字呈現，疫苗的保護力也有其客觀的呈現，這些中立的科學象徵，如何在生死之戰中的各種情緒和狀態中，保有其主權，以供對焦與解讀，有賴各種訊息的交流。更重要的是，每個人或每個組織心中所存有的善意，是面對這些不同解讀的必要基礎，這也是所有交流的基礎。當精神現實對上客觀現實，善意是讓彼此並存的關鍵之一。

回到疫苗注射的現場，當有人正被施打疫苗，有人正等待著一時還不見得輪得到的疫苗，有人暫時不能打或打不到，有人已經完成兩劑注射，有人也有其它的狀態，然後想像這些人聚集在一個場合中對話，戴上口罩，做好防護，彼此鼓勵打氣，站好各自擁有的保護力所應該運作的位置，直到大家都可以注射到保護自己的疫苗，或是即使打不到的時候，也能受到一定的保護，應該是一種可能的合作。

拒絕疫苗注射的潛在無力感

（給疫情下第一線醫護相關人員的想法）

談談疫情下，民眾對於疫苗的反應裡，可能隱含的多重訊息。有時大家搶注射，有時又冷淡回應，跟疫情變化或跟疫苗注射後死亡案例的連結報導，加上各類假訊息的流動，甚至還有更多我們仍無法了解的情況，都可能影響著疫苗的注射。我們的文章前提，是期待有更多人的注射，來達成共同的保護力。這個主張的前提是，到目前為止各國的報告顯示，有疫苗注射後，萬一染疫，重症和死亡是低的。我們也假設，如果大部分人也知道這個訊息了，那麼這是怎麼回事呢？不過可能有人不支持這個前提，這就是另一個主題了。不過，本文是在前述的前提下，來想像這些反應裡可能的潛在心理學。

本文只是嘗試提供一些可能的假設，來讓我們了解和想像，那些拒絕者可能是怎麼回事？因為首先我們相信，各位醫療人員會先提供疫苗訊息的說明，我們想要再進一步思考的是，如果你面對的病人知道了訊息，仍可能會拒絕注射疫苗，那這有那些可能的潛在心理呢？我們相信潛在心理因素是不少，我們要一步一步來談論這些可能性，而這文章主要談論的是，潛在的無力感的影響。

首先，我們先不要苛責拒打的人，說他們是不顧他人死活，畢竟這些責備的話語，並無法讓當事人更能想想這是怎麼回事。因此我們提出的方式是，讓大家來想想，除了現實原則的計算利害關係之外，很有可能另有其它的，不是屬於這種依照現實原則的運作，因而影響做出的決定，也就是一般人在做決定，尤其是重大決定時，常常更會受到生命早年經驗的影響，以我們聽過的潛意識因子在發揮決定的作用，只是那不是當事者可以當下知道，甚至能接受的理由。不過，這不妨礙我們，要有這些想像和觀察，才不會變得完全不知是怎麼回事，而只是做著重複的訊息說明，但當事者卻仍不知現實原則般，來做出有利自己和他人的決定，讓溝通變得困難，而使得兩方都很挫折。

至於前述無力感的呈現方式，是很多樣的情況，常常不是以自覺無力的方式來呈現。由於這些潛在的無力感，表現出來常常是決定著做或不做什麼事，因此能不能解決眼前的難題，或對於能夠解決一部分時，是否感到滿意的背後決定因子之一，那麼如何來判斷當事者是否屬於這種狀況呢？常是需要在系列的互動後，感覺到當事者讓我們醫護人員覺得好無力，此時，我們才會突然發現，先前當事者有不少想法，甚至出現好像很有力的舉動，想要做些什麼而顯得忙碌狀，可能是反映著無力感。

如果這些忙碌舉動，結果是導向一種很空虛，讓醫護人員覺得好無力，我們幫不上當事者的忙，雖然我們要自覺，不能把自己的感覺硬加在病人身上，但前述的現象，卻是一種可能性，讓我們有機會體會到，病人內心在做各種掙扎時，我們也被傳染了無力感一般。這些感受的傳遞是可以讓我們來推論，病人如何使用有力的方式，使用各種理由，來壯大他們的決定是有力的，也是他們做爲拒絕的方式。當拒絕時，常是被覺得最有力的時候，但這種情況裡可能有著潛在的無力感，尤其在面對疫情下的無情災難，是常見這些反應。

至於在醫療現場是否能做什麼，也許不容易，除了提供基本的疫情和疫苗的衛教說明外，我們只能先藉由前述的假設，讓我們不致於做了過度的想要說服，使得彼此關係更僵化，讓爭論顯得更有力卻是無效，而帶來醫療人員的無力感。了解這種可能性很重要，不然第一線人員可能因此不自覺地陷於無力感而不自覺，只覺得做這些事都是無益的，增加灰心感，就像小時候面對恐怖和恐懼時，可能癱瘓在那裡的感受，這是深層無力感的重要起源之一，只是，我們都走過來了，因而對它感到陌生，在目前我們需要慢慢再認識它。

拒絕疫苗注射的潛在無力感

（給醫療心理相關專業人員的想法）

對於疫苗的注射，雖然我們是傾向支持注射來達成整體的保護力，不過我們無意以有無意願注射，當做是對或不對的方式，來思索疫苗這件事。在疫情壓力下，疫苗可能會引發什麼心情感受？我們的假設是，不論是想或不想接受疫苗注射者，可能有著一些相同的潛在心理因素會被激發出來，雖然還有其它個人因素的總合而使當事者做成決定，並付諸行動，總之這是個複雜心理狀態的結果。另一個假設是，疫苗這種會侵入人身體的東西，讓人可以有控制感決定打或不打，但在面對病毒的侵入，是人難以完全自己決定，使得人們面對有著風險的處境時，會做出什麼決定，變成一個有趣的課題。

在日常用語或感受上，面對拒絕疫苗注射者，我們可能會覺得被癱瘓了，好像怎麼說明都是無用的，愈解釋愈無力，會讓我們有想要放棄說明的感受。以精神分析的語言來說，治療師的這種感受被稱呼爲「反移情」，是屬於治療師自己的感受，但在和病人互動的過程裡，卻常是互動後的結果，因而讓我們的反移情裡，有著病人心理的影子。但是我們不能過於牽強地說，我們的感覺都是病人投射給我們的，因爲也常有我們的經驗被喚起，綜合起來的整體反應。

一般來說，意識上如果面對危險和恐怖時，會有「現實原則」運作衡量利益的計算。如果人都依照現實原則的怕死而做出決定，何以會出現這些矛盾現象呢？是當事人忽視死亡嗎？或者不必然如此，而是任何人面對死亡時，都有著個人早年經驗的影響，因爲就臨床經驗來說，早年這些恐懼的經驗，可能以無能爲力的感受存在著，由於爲了生存下去，人的心智世界會出現各種防衛機制來保護自己。

於是可以看見有不少個案，至今仍處於還在打著當年未打完的仗，躲著當年未結束的捉迷藏，面對著眼前的情境，尤其是面對難以抵擋的情境時，更是如此。有些是個案內心的投射，但有些是來自外在環境的影響，例如目前的疫情下，更會撞擊出當年的那些經驗，這些經驗是多樣的，如同原子被撞擊後會跑出更多細微粒子般，其中「無力感」是常見的成分。（未來會再以另文談，其中的「無助感」和「無望感」的成分。）

除非是走到最後的極端處境，不然這種情況下出現的無力感，起初不一定是以無力的感覺出現，而是以產生有力的破壞力來展現。也就是說，當事人會有力地展現自己的狀況，只是結果卻是帶來破壞，讓自己和治療師覺得挫折沮喪，或這時才明白也感覺得到無力感。這個說法表面看來矛盾，無力感怎麼會帶來有力的破壞力，理論上通常是當年面對失落的恐怖情境時，心智發展出來的有力戰鬥方式，只是不是以清楚的記憶被記得，而是以行動（不自覺的行動）的方式做爲記憶，構成一般所說的「行動化」的意思。

以無力感來說，它的行動化起初常是有力的反擊，好像是讓自己可以再持續生存下去的重要有力的出擊，只是這種有力的出擊，由於和當年的經驗有所脫勾了，容易讓治療者在過程裡覺得個案那些有力的出擊，常更是帶來破壞或自毀的結果，但個案卻難以察覺他此刻有力的決定，例如決定不注射疫苗，好像要與感染病毒的機會做出一搏，雖然人不可能贏過病毒，而疫苗是可能打贏病毒的機會，只是這時的無力感可能做出有力的選擇，希望自己可以贏過病毒，這和一般所說的，人因怕死而打疫苗是不同的反應。

本文的說法，只是嘗試由精神分析的角度來了解一些現象，並不是必然或只是如此，但我們覺得值得提供一些可能的潛在心理，做爲大家的參考，讓我們在面對這些處境時，不致於因爲知識的無法發揮功效而變得無力感的挫折，甚至覺得所做的是無價值的。

日期：2021.07.09星期五

疫情下的無助感

（民眾版）

疫情開始之後，無論從官方或民間等各種媒體訊息，我們有了各種防疫的概念，接下來搭配的是執行面的運作。各行各業都開始動作起來，多數人可以知道，這些隨之而來的措施，總不免造成一些不方便，但是背後是立基於安全的考量，因此多數人都可以調整與合作，當然也各自在自己的生活文化中，落實這樣的防疫需求。

從周遭和媒體的訊息，不乏看到一些令人捏一把冷汗，需要進一步理解的實際狀況。舉例來說：進入醫療院所請戴好口罩、進入商家時請掃QR code或實聯制登記、隨時保持安全社交距離……等，這些看似容易遵循的規則，卻因爲每個人各自的狀態不同，出現了必須在現場溝通的狀態，也就是執行面遇到的困難了。舉例來說：臨時忘了戴口罩出門而附近也沒有賣口罩的地方、身上沒有手機、不會寫字、聽覺障礙者必須看嘴形判讀、視覺障礙者必須靠觸摸辨識……等。

當溝通出現了瓶頸，因各種主客觀因素（時間緊迫、對話態度、雙方理解度、價值觀……等）而無法進一步釐清時，各種情緒、語言、舉止，會因此而反應出現，讓原本要執行的規則，成爲一種衝突的焦點，這過程其實是滿複雜的事，我們這裡挑出了「無助感」這件事情來談。大家此時心中的對話旁白有許多，其中可能有一個是「爲什麼不幫幫我，反而要刁難我」。

理性上都知道，所有措施都是要協助大家，一起對抗病毒的入侵或傳播。但在執行面運作時，有些人或有些狀況，並非故意要和這些措施作對，而是不知不覺地爆發出了一些感覺，此篇文章想要談的，是一種無助感。

「無助感」，字面上的意義是「無法得到幫助的一種感覺」。細看一下這一句話，「無法得到幫助」指的是在現實上沒有人可以幫助自己，「一種感覺」指的是來自自己內心的一種感受。當拆分成這兩種元素時，我們會發現至少有二種組合，一種是現實上眞的沒有人可以幫助自己，然後自己有所感覺到了；另外一種是有人可以幫助自己，但是自己感覺不到。

如果是第一種，眞的沒有人可以幫助自己，然後自己感覺到一種無助感，很直覺解決的方式，就是必須自己動手來幫助自己，甚至必須引導別人來幫助自己，這需要的是一些能力的訓練，當然也可能需要其他中間人的協助。

如果是第二種，有人可以幫助自己，但是自己感覺不到，這是可以從精神醫學或心理學來進一步理解。這個主題就會是，「自己感覺不到」的原因是甚麼？可以如何思考？對有些人來說，要調整自己的感覺，只需要來自外在的現實，也就是去反證自己的感覺是錯誤的，就會恍然大悟，當然，這也需要可以自我反思和放下主觀的能力；但是對有些人來說，要調整自己的感覺是困難的，即使有來自外在現實的證明，也不見得可以扭轉，這在醫療情境，並不是少見的狀況。

這在處於憂鬱、焦慮、慮病狀態……等的人們身上，是很常見的，特別是在面臨重大壓力時，也會強化這樣的狀況。簡單的說，是我們心中被挑起了會危及個體掌控自己的狀態，也就是「失控」的狀態，此時已經很難顧及到周遭的人事物，即使看似仍在對話著或處理著事情，但是內心已經和外界隔絕，只想逃走或強硬起來作戰。當然，也有一些屬於精神醫學定義上的疾病或狀態，使這樣的人或這樣的狀態，是不自覺地處於無法感覺到外界或他人。

回來談談疫苗的例子，有些人不想打疫苗，因爲有許多的擔心，就算是醫療人員努力詳盡解釋，也無法讓他們可以充分放心，他們總是會看到那些可能相關的副作用說明，不會去注意到發生的比例，也無法和注射疫苗而得到的安全性做比較。排除掉生物學因素，這在精神分析學上有一些可能的解釋，也就是我們會不知不覺地把現在的擔心，和過去成長經驗的一些記憶連接起來，於是現在的擔心不是只有擔心現在，而是感覺疊加的過程，像是一朝被蛇咬十年怕草繩的概念，通常這需要一些新的、好的經驗，來中和過去不好的經驗，只是過去經驗的詳細內容是需要費一番工夫去收集。

每個幼小的心靈中，都需要可以依附的成熟大人來協助自己，不僅是認識這個現實的世界，也要獲得足夠的安全感來經驗這個世界，只因爲身體長大了，外觀讓人覺得不需要再幫忙了，或者別人會覺得有限度的幫忙就可以。殊不知這樣的無助感一旦被引發，一種無法和別人連結的各種感受就會出現，如同幼小的自己無法和可信賴的成人一起經驗這個世界。人的記憶是一件複雜的事情，不只是記憶事件的內容、也會記憶事件的感受，於是當我們在談論的無助感，是一種感受的時候，意味著這個無助不只是來自於現在狀態，也可能是當年不知不覺所留下來的遺憾，等待著被彌補，等待著被接納。

疫情下的無助感

（給疫情下第一線醫護相關人員的想法）

可以簡化的說，面對疫情下的病毒，由於它不可見，只能透過周邊人突然出現發病症狀才會發現，原來病毒就在旁邊，或離自己很遠，這是實際空間的距離，但外在環境空間距離的不確定感，除了先前提過的，讓民眾和助人者感到內在的無力感外，也常合併出現無助感。無力感通常是針對自己內在裡覺得使不上力，但也可能出現過度使力，來避免自己經驗到無力感。

至於無助感，常是有客體對象，可能是對於家人、老板、朋友、醫療人員、或目前針對疫情指揮中心，覺得這些客體對象，都是幫不上自己忙的人，或者常會聽到有些人說，沒有人可以幫上忙的說法。這讓想幫忙的人，容易因此感到灰心，覺得算了，何以找自己麻煩……等反應，甚至讓助人的醫護人員原本的無助感被攪動起來，覺得自己是沒有價值的人……等心理反應。

無助感如果是源自每個人生命早年的經驗殘留，這是不會自覺的，不是以自己意識的無助的感受或想法浮現出來，可能以其它樣貌出現，通常要事後才會察覺自己先前是如此無助。試想一個人在很小的時候，如果覺得只能靠自己解決所有問題，這種感覺在長大後，也許會是重要的動力，推著人去做某些事，但是就算做事有了成就，並不必然內心世界裡那種無助感會消失，可能仍會以模糊無法說清楚的感受存在著。

相對的，無助感是有對象的，也就是會有期待求助的對象。每個人都是從小長大，很難說完全沒有無助感的存在，只是如果這種感受很深刻而不自覺時，可能讓自己和周邊人物很不易相處，可能潛在地覺得這些人都幫不上自己的忙，因此常出現的聲音是，只能靠自己，一切只能靠自己。

辨識到無助感，尤其是深層的無助感時，通常並不會就馬上改變現狀，尤其是對於他人的信任，懷疑周遭的人或重要人物無法幫助自己，常使得周邊的人感到很挫折，總有著愛莫能助的感覺。做爲第一線的醫護人員，不論是那種醫療科別，在面對這種情況時，如果我們沒有想到這種可能性，就會覺得我們要幫助對方，但對方卻好像不領情，甚至覺得我們根本幫不上忙，如先前說的，這種覺得沒有人可以幫上忙的感受，是由來深遠。這會呈現出，他們起先是要來求助於你，但是不久你卻發覺，他根本就是覺得，世界上沒有人可以幫上他的忙，對方也許順口這麼說，更常見的是他們也不知自己是這麼看待幫助他的人。

做爲第一線的醫護人員，如果缺乏這種想像時，就會陷進這人是怎麼回事，明明來求助我，卻把我當做是個無用的人那般，會讓我們想算了吧，你另求高明吧。雖然你知道這些可能性，並不保證就能幫上對方的忙，因爲如果直接指出來他的無助狀態，他可能常是否定的。

試想如果他把我們當做無用的人，是幫不上他忙的人，我們說那些會有用嗎？不過我們說明這種可能性，並不必然使你可以幫上對方的忙，但更重要的是，在目前疫情下，我們如何不被這種情況弄得很無助，這是很重要的自覺。因爲在疫情的壓力下，自己很容易也跟著無助了起來，好像以前所習得的知識，在這種時候很難派上用場，因爲疫情並不是馬上可以用以前熟悉的知識來完全解釋，就更容易不自覺地接收對象投射出來的無助感，而更顯得沒有人可以幫上忙的感受。

一般來說，臨床上憂鬱的衆多症狀裡，是有著無力感、無助感和無望感，有時三者之間無法細分，而且會相互連動，相互動態式的影響。我們嘗試對三種「無」加以說明，它們呈現的樣態，幫助大家觀察和了解，希望借著這些細微的了解和變化，有助於各位在助人工作時，能夠減少陷於對方深層的無助感裡，而讓自己更感到挫折。

這種無助感和無力感的特色之一，由於都是「無」的感受，而且常是不自覺的，因此在互動過程，也會不自覺地出現要「有」幫助的感受，要讓自己成爲有用的人，可以有助於對方。殊不知，對方如果是長期處於無助感的人時，並不會因爲我們一直想幫助他，就會讓對方覺得有被幫助，甚至也可能會出現，對方因爲不自覺如此無助而引出的不滿，會針對想幫助他們的人，而呈現著生氣和不滿。除非有人刻意如此，不然在臨床上常是處於不自覺的狀態，並不是我們就不幫忙對方，而是如果我們知道在助人過程有這種可能性時，至少可能減少一些不必要的誤解或強求。

疫情下的無助感如何反應在對疫苗的態度

（給醫療心理相關專業人員的想法）

在理論和臨床經驗上，做爲心理處遇相關的治療者，通常都得面對一些「無可確定」但強大力量的牽扯，讓治療者在診療椅上，難以如自己預期的可以坐得穩而牢靠。這些常是人從小長大，處於種種困局下的總和反應，就是無論有多少外在的成就，但內心裡可能總是如此。面對於人生的無可確定，更困難的是涉及生死大事的困局，人如何相信明天可以更好，這不見得是容易的事，尤其是在疫情這種重大事件下，面對的是會讓人致命的病毒，這種生死大事更可能讓這無可確定感更加擴大。

求助的對象起初就是處於這種深層的矛盾裡，一邊覺得需要求助於他人或依靠他人，但內心深處總有股難以形容的，覺得做什麼都無用的感覺。而對治療者來說，因爲無法確定到底是否眞的能幫得上忙，畢竟疫情下的病毒，實質上的確是難以完全預測，甚至就算可以某種程度的預測，但只要不是百分百，就算微小的不可預測性，也會被內心擴大至淹沒了那些可以預測的感覺。在這種過程裡，個人內心裡可能變得無力感。另外對於要求助的客體對象，也可能被不是百分百有用的感受，而被淹沒成是無用的，尤其是你覺得明明自己有幫上對方的忙，但對方卻只是覺得那是自己努力的成果，並不是治療師是有用的。

這是心理處遇相關工作者會常遇到的情境，只是有著不同程度的差別，很嚴重的情況，可能會讓治療者隨著對方覺得做什麼都無用，而治療者也不自覺地認同對方，包括眞的是無用的，做什麼都無用的，不只是幫不上對方的忙，甚至連帶被拉進無用感的強力漩渦裡，讓自己也不自覺地陷進這種無用感裡，因此激發更多對人生和對自己的負面感受。

這種強度可能因對方或治療者成長經驗的不同，而有不同程度的共鳴，這種共鳴具有破壞力的傾向，容易在起初覺得要做個有用的治療師，但過程裡被捲進後，逐漸不自覺地變成覺得做什麼都無用，進而覺得自己是無用的人，這個心理過程可以使用克萊因所描繪的「投射認同」來說明，個案對於自身裡內在客體的無用感，會投射出來而讓我們做爲助人者時，不自覺地認同對方，而眞的覺得自己是無用的客體。個案借由態度而展現出來的無用感，讓治療者認同了，因而構成了「投射認同」的心理流程。

我們也可以使用溫尼科特的概念，關於個體會如何對待幫助他的客體，也就是會如何使用客體來讓自己可以被客體幫得上忙，不過無論是克萊因或溫尼科特的論點，都是涉及生命發展早年創傷的後續影響，這在以後再進一步說明。至於在疫情的生死威脅下，常讓我們困惑的是，一般常以為是可以經由計算來估量的事，例如注射疫苗的風險和不注射被感染的風險，能夠考量然後做出符合意識的決定，不過實情並不必然如此，無論疫苗有多高的保護效能，或者免於重症或死亡的威脅，但是這種意識上的計算，卻可能因為一些媒體報導的訊息而覺得不安全，那麼如何計算可能被感染的風險，或疫苗副作用的風險呢？依據的是這些計算嗎？

其實常常不必然如此，就像某些人生重大的決定，所依靠的決定因子，不見得是計算現實的利益，而是深受不自覺的「無可確定」的感受所影響，這會在瞬間讓眼前有用的客體，如治療師或疫苗，變得是無用的，使得我們想要以知識來說服變得無用武之地。以上這些說明，也許不見得在臨場可以用得上來，因此讓某些人可以接受疫苗，但可能可以讓治療者做爲助人者時，在過於認同個案所投射出來的無用感時，可以讓自己的認同稍微剎車，而不會跌進無助的深淵裡，有時候，稍微剎車就是很有用了。

日期：2021.07.13星期二

不是句點的無望感：有時，有了疫苗，才把它映照出來

（民眾版）

疫情開始已經一年多了，大家許多的心身狀態不斷在面臨挑戰，常常聽到這樣的話：不能一起出去玩、必須延長封鎖時間、顧客都不來了、宅配怎麼延遲了、還打不到疫苗、還不能返鄉探親、計畫幾年的自助旅行不知道要等到何時、原本身體狀況已經不好了還來一個病毒……等，這些背後都隱藏了許多的感受，其中有一種是無望感，也就是失望的感覺，原本的期待落空的歷程。

「有希望、才有失望」，「希望越大、失望越大」，這些都是常常聽到的話語，有時用來勉勵人心，有時用來安撫大家，但有時也是一種諷刺。「希望」從何而來，這是一個值得思考的議題，就像我們希望有疫苗，很理性的是先知道了疫苗的有效性，然後不如預期的獲得，所以有了「希望」，而當預期的希望沒有如期出現，我們有時會

在心中再給自己一點等待的緩衝，萬一還是無法實現，我們就有可能會落入「失望」的境地，如果再把失望分一些等級，可以把更嚴重的失望，歸類在「絕望」或「無望」的範疇。然而，在沒有疫苗以前，希望從何而來；或即使有疫苗後，我們仍會發現有些人仍表現出無望感來，這是怎麼回事，是值得再細究的議題。

在醫療現場，這也是不會少見的對話，因為生病或預期會生病，常常把人帶入一種無法掌控的狀態，保有健康和能力的「希望」會因此被打折扣，也牽涉到擔心的程度、生病的嚴重程度、生病前後情緒被影響的程度，於是有了不同層次的希望與失望。希望自己不會生病、希望萬一生病了不會太嚴重、希望就算身體有受損也能照顧自己、希望萬一要臥床也不要太痛苦、希望萬一性命不保也不要拖累家人、希望……等。這些不同層次的希望，當然也就會伴隨不同程度的失望，甚至是「絕望」或「無望」。

事情的發展當然也不會只有以上的面向，也有一些是因為無望感的存在，當我們承受不住時，有可能會開始怪天、怪地、怪神、怪人、怪那些想要給予我們希望的人事物、遷怒那些看似不相關的旁觀者。因為在自己身上找不到希望，也許只能從別人身上找，只是又找不到時，自然就有可能「怪東怪西」。

如果從這個脈絡思考，可以推論到這其實是一種生命最後的求救，怪自己等於毀滅了自己，只好怪別人，來尋求一些希望了，雖然這種方式總是令人不甚舒服，但是在危急時刻，常常是一種反射動作。即使文章討論到現在，我們可能還是不知道，我們的終極「希望」是甚麼樣的內容。

這個從希望、到希望落空、到失望、到無望的過程，有許多的心理運作必須要進行，很重要的是要如何「接受現實」，當然如果現實仍然是個動態存在，有些人會積極地去影響及推動現實的發生，於是我們就給予這樣的人足夠的鼓勵，因爲他眞的可能因此創造了改變，因而避免失望。但如果現實和想像的希望眞的落差太大，無望感的運作會成爲沉重的負荷，因爲不能接受現實卻要硬吞下去，絕非一件容易的事，因而會帶動個人的許多身體反應、情緒反應和想法反應。

臨床或生活上可見到的包括：憂鬱、焦慮、恐慌、恐懼、憤怒、煩躁、自律神經失調；必須否認、視而不見；先接受部分、慢慢來；接受了，還有猶豫、困惑、扭曲、昇華的歷程要走……等。這些都是我們從小到大，不知不覺在演練的生活經驗累積的反應，只是還需要一個聚焦來給予意義。許多靈性的追求或參悟，也是在進行這項浩大的工程。

臨床上，因爲各種內在或外在因素影響而處在憂鬱狀態的個案，無望感的產生也是其中很常見到的症狀。可以從不同的角度反思，如果眞的是現實沒有希望，那麼無望感的存在是合理的，於是需要的是接受失望；相對而言，即使有希望在前方，但是仍然出現一種無望感，就可能必須往下深入理解，有可能所謂的「希望」，不是主觀的希望，但是自己也不確定眞正的希望是甚麼，於是我們看到了各種的表現樣態，也影響了周遭人們的互動狀態。當我們以無望感生活著，不盡然會是面對死亡的狀態，反而因爲無望感產生的憤怒、掙扎、想像……等，就有可能夾雜在日常生活當中，於是新的困惑不斷產生，這也是精神分析取向的心理治療想要探索的面向。

當有了疫苗後，無望感卻可能反而出現？

（給疫情下第一線醫護相關人員的想法）

一個值得回味和感受的命題，飢餓後，有了溫暖的奶水入口後，心中油然出現的是，謝意或是恨意呢？其實都有可能，只是何以是恨意，較不易被了解。我們以無望感的存在方式，來稍稍描繪一下這個可能性。

先前談過無力感和無助感，本文要來談論無望感。有經驗者會知道，在憂鬱症的診斷症狀裡，是有著這三種「無」的症狀，只是不盡然都被當做核心焦點。其實憂鬱的症狀，是有很寬廣的可能性，本文並不是要從一般熟知的憂鬱角度來談，因爲依據我們的觀察，憂鬱這個語詞，由於經常被使用，使得大家在談論時，雖然使用相同語詞，但在臨床上卻有很大的落差，不是誰說的對或錯的問題，而是憂鬱這詞的使用範圍，被使用者擴展了。

我們在這篇文章，是要談無望感，延續先前談論無力感和無助感類似的地方，我們想要指出來的是，無望感的潛在展現方式，在臨床上也是多樣性的。在起初，並非就是以「我覺得無望」的方式存在，而是做了很多想要做的，但由於重複而覺得結果不如預期，進而逐步地加添成爲可能察覺的無望感。對於一般民衆和醫護人員來說，這是很重要的，雖然可能到最後可以辨識無望感時，並不是就容易處理到可以從無望感裡拉回來。

常見的是無望感的盡頭是「絕望」，而絕望的起點是有著什麼希望，通常從有著什麼希望，再到無望感的浮現，然後再走到絕望，這過程裡的無望感，的確也可能讓人覺得有著生不如死的念頭，但這念頭的範圍，也是很寬廣的。因此，臨床上的確不容易完全精準判斷它的危險性，這是因爲常有著多重的外在環境和內在心裡的動態，相互影響的結果。

本文只先針對內在心理世界裡的無望感，來呈現它是什麼，如何影響我們的心理和生活品質，尤其是在目前疫情下，和病毒有關的很多的變數，並非我們能夠完全掌握，我們只能在有限的數據上做決定，這種決定總是必然有著某種程度的猜測，只能在事後再依結果來做滾動式修正，這是有機的存在。

現在我們要談的這種無望感，卻可能是讓我們無法隨著結果的變動而隨時修正，反而讓生活和心理感受上，只是重複地感覺活著，卻沒有希望的感覺。這種感覺，對某些人來說可能是長年的生命基調，但對某些人來說，卻可能在面對疫情如同世界大戰般的處境時，因爲結束的時間難以確定，加上原本內心裡無望感的作用，使得生活變得更灰色。

不過可能不見得是如此明顯的過程，因爲我們所描繪的這種無望感，如前所說，常常不是一下子就是如此感覺，而是先以某些希望的未能如預期，而這些希望的內容，可能並不必然和眼前的重大事件，例如疫情有關，可能常是生活上某些事的失望，甚至常是有著失望後，才發覺自己有著某些希望存在著，而我們嘗試描繪的無望感，是屬於平時不會被自覺的，是在失望後發現另有希望在裡頭，在這種失望、希望的重複反覆出現後，當事者才會慢慢體會到某種潛在的無望感的存在。

也許讀者會好奇，何以我們要強調這種不被自覺的深層心理的無望感呢？既然它是不被自覺，我們何以在意它呢？因爲依據我們的臨床經驗，這種深層的無望感會以各種變型存在生活裡，讓人總覺得就算有了什麼具體的希望和滿足後，卻仍常覺得好像還有什麼未獲滿足，讓先前希望的滿足變得效用降低。這種重複出現的情況，如果我們未能假設有這種深層的無望感存在著，可能會讓我們輕忽地以爲，只要滿足目前的某些希望，就可以解決那些失望感，對於這種持續的挫折會覺得更不耐煩，更沈浸在失望感裡。

雖然要體會這種深層的無望感，有些人會覺得很抗拒，不過這不是能夠強迫的，只是我們做爲醫護的第一線工作，如果了解有這種可能性，並對這保有好奇，至少就不會一下子就走進失望的深淵裡。

無望感：還未發展出疫苗的心理瘟疫

（給醫療心理相關專業人員的想法）

當看見某人處於極度失望的狀態時，我們如何解讀他的失望或絕望，就會牽引著我們和他互動的方式，是否我們能提供什麼希望，讓他覺得人生是有希望的呢？也許我們會覺得對方充滿悲傷和失落，覺得可以注入一些希望給對方，尤其是在目前的疫情狀態，可能在這種極度壓力下，即使科學數據呈現注射疫苗對重症和減少死亡是有用處，但是對於未來充滿無望感者，這些片斷輸入的訊息，仍困難做到可以說服讓陷在無望感的人變得有希望。那麼這些無望和有希望之間，到底發生了什麼事？何以有希望的經驗，無法輸入進去那種無望感裡呢？

首先要了解的是，做爲心理專業人員，會是很快就感受到對方是處於無望感裡，這是治療師在以前的經驗和知識上綜合形成的診斷，而且這個快速診斷是有它的準確性。不過本文要探索的這種深具影響力，但不易被當事者察覺的無望感，如果眞要描繪清楚讓對方了解我們所說的，並不是容易的事，因爲我們想要說明的這種無望感，是來自生命早年的經驗，這對某些人而言，是不論有多少成就，總覺得生命是缺乏希望的，或有人覺得做什麼都無用，因此大部分時間處在不做什麼事的狀況。

這種來自內心深處的感受，它從內在投射出來的模樣，如果我們以它是深山裡走出來做比喻，像是人生路的崎嶇不平。從臨床經驗來看，人總有這種無望感存在著，它不是就躲在內心深處而已，而是會不斷地調派它的兵士出來，只要當事者有著什麼希望浮現，它的兵士就會出現來滅掉那些希望，而且那些兵士是經過變裝的模樣，當事者也不認識它們，只覺得只要自己有了一絲絲希望感，或是他人提供了某種希望感，就算有了努力而做出一些成就，但這些兵士出現後，可能就把那些成就毀了，讓當事者覺得做什麼都無用。

我們用無望感派出的兵士，是嘗試要描繪內心深處的無望感，它太深遠了，我們通常見不到它的眞面目，只能在一些事情發生後，感覺有一股力量在背後操作著，我們只是暫時以它派出的兵士，來描繪這種破壞力，雖然當事者不認爲自己有那種破壞力，只是覺得人生活著沒有什麼希望，甚至他們也不覺得那是絕望。

如果硬要區分絕望或無望感，我們私下的說法是，絕望是明目張膽地要把眼前的成就親手毀掉的力量，而無望感更像是沉默地派出兵士做前鋒，它派出兵士後就不再能感受到，那些兵士會如何破壞自己的成就感？好像只是在成就感的上頭，披上一件沒有希望的外衣，有成就的事依然在那裡，自己和他人都看得到。

但是看見這些成就感時，卻被不自覺地披著無望感，使得自覺過著意義有限的人生，活著和活下去，只是另有一股莫名力量撐著自己，淡得如同自己什麼都沒有，或者另一極端是被強烈的看輕，所有成就彷彿自己早就是不存在。這是我們嘗試描繪的無望感，我們甚至不確定，這樣的描繪是否就能讓各位讀者，遇見它時就可以認得它。

我們希望，這些描繪不會讓各位覺得太虛無了，要把人生說得如同什麼都沒有，希望我們能說的是剛好相反，嘗試以這些說法要來捕捉無望感，是因爲它眞的無所不在，不是以有希望的神般存在，而是以另一種相反的神般，雖然我們不會祈求它的幫忙，它卻喜歡親自出手派兵出來，讓我們的人生總是覺得難以如意，難以順利，它甚至也會提供希望，只是它的希望是暗面的，會遮住希望的表面。

這些說明，可能仍無法說清楚無望感是什麼，不過我們相信是有了一些輪廓，以後會再來說明，目前只是希望各位在面對自己和他人，尤其在當前疫情的挫折下，要先知道這種無望感，可能會讓人覺得做什麼都是無用的，雖然這只是一種假設，讓我們試圖來想像，爲什麼明明有著希望在眼前，可以過著有希望的日子，卻總是很快地眼神就失落了。失去了希望的無神眼睛，看著自己的人生，就算我們說這是來自於生命早年，但是我們對於它的眞正來源仍還在摸索中，只希望大家可以先看見這種現象，然後大家才有機會想像，在疫情下何以有人總是不給自己希望，而這可能不只是來自疫情，而是來自內心深處早就發生，卻一直缺乏疫苗的心理瘟疫。

日期：2021.07.16星期五

都是我沒做好

（民眾版）

大家每天戰戰兢兢的看到，新感染COVID-19病例人數漸漸地趨緩並遞減，深怕一個不小心，數字又往上攀升，其中大多數民眾是處在防護圈中的無感染者，也就是多數人並非親身經歷成爲被感染者，這是值得慶幸的事情。但是反觀這些仍是少數的受感染者、或疑似被感染者，或暴露在前線的專業人員，他們會是何種心情呢？除了必須承受身體的病理性變化，第一線的被感染風險，最可怕的是來自外來的異樣眼光，如同被獵巫般的恐懼驚嚇，也有來自內在的可能自責，也就是罪惡感的批判，「都是我沒做好！」或是「我會不會沒做好？」。

這種罪惡感，其實有許多的變形，因爲這種感覺是如此令人不舒服，也不容易被接受。所以爲了處理這種感覺，常常可見不同的想法轉換，比方說：都是別人害的、我也是不小心的、我怎麼這麼不小心、我已經做到滴水不漏怎麼會這樣、腦中一片空白、我好自責請求處罰、我接受就是我害的、我一定要不斷檢查避免疏漏……等。

不論是否眞的沒做好，這種來自內心深處的自我譴責，如同一雙嚴格的眼睛，注視著自己，形成一種自我批判，也就是這雙眼睛代表了一種完美性，或是戒律性，盯著自己的一舉一動，來避免發生了失控的事情，又或者爲已經發生的事情尋找處罰。這一搭一唱的組合，發生在一個人的心中，讓個體可以避免矛盾衝突的運作下去，卻形成了一種僵化與張力，彷彿病毒的變動性成爲可以被控制的感覺，但實情當然不是如此。

病毒這件事，本來就是難以控制的，我們所知道的病毒傳播行爲及變種方式，還是時時刻刻的變動中，因此各種專業的指引，不斷進行著滾動式的修正，現階段很難有一個已經完美的藍圖呈現在眼前。

因此很多時候，我們會需要在事情發生時，拿起放大鏡來檢視發生的經過，尋求一個更細緻的再發現，來避免下一個可能的失誤，就如同自疫情以來發生的院內感染事件、群聚事件……等，但是不幸提供出教材的受感染者，卻也就變成了所謂的「破口」，成爲衆矢之的。此時恐懼失控所引領的效應，讓旁觀者的眼睛，祭出了最嚴厲的標準，要隔出一道防火牆，來避免延燒到自己，彷彿只要控制了破口的當事人，病毒就會被控制住一樣，當然，行文至此，我們知道並非如此。

之前也發生了令人心痛的醫護同仁輕生的事件，在疫情不斷急速升溫的狀態下，前線的各級醫療人員，面臨許多前所未見的急迫壓力，早已經是戰爭等級了。原本已經是常規的臨床處置和流程，被迫面臨要在極短時間內加入各種高強度的防疫行爲，而且不容疏忽，因爲一個閃失，會是一個部門、一個家庭、一個社群，然後往數個，甚至到各大範圍的重災耗損。與前線醫護戰士，以不同遠近距離相互連結的其他親友和社會大衆，也或輕或重的感受到後勤狀態的改變。這是全新的危急經驗，很少人知道該怎麼毫無錯誤的運作，也因此罪惡感和內外在譴責的連動，不斷的發生，因此需要更多的包容和彈性，才能眞正面對病毒這個主角。

當我們的角色是當事者周圍的親近家人和朋友時，這樣的震撼也會啟動內心深處的感受，罪惡感、愧疚感、憤怒感、無力感、甚至是麻痺感，這些感受可能強烈到把眼光思維的焦點，大量投注在已經無法挽回的憾事上，急忙想做些甚麼來彌補這個心理的懸宕，「後悔沒有多關心、後悔之前和當事者吵架、後悔沒有積極向外求助、責備當事者不求助……」。

　　不過由於當事者這些內在心理過程很隱微，因此周遭的家人朋友常常也是難以發現，甚至這些細微的變化過程，對臨床者可能也是困局。因此，在不究責的氣氛下，靜下心來，可以與信任的親友談談，同時觀察自己，適時求助醫師及專業人員的協助，是一種機會，不被罪惡感淹沒。

罪惡感（罪咎感）的多重樣貌

（給疫情下第一線醫護相關人員的想法）

罪惡感還有其它名字，它們是同一對象或只是親人呢？如果是要描述相同的現象，那麼何以會有這些不同的名稱呢？是使用者個人的喜好嗎？但就算是個人喜好，是想要和他人使用不同語詞，而這些不同有細微的差異嗎？或者它們之間有著差異甚大的內容？另一方面，即使是使用相同的語詞，也可能具有不同等級的內容差異，或相同之下的細分項目，藉由被不同比例的加權指數加添在那些細項裡，而被當做是更重要的比重。

例如，有人覺得某些人是缺乏道德而不會有罪惡感，因而做出了一些傷害或侮辱他人的言語或舉動，卻不覺得自己有做錯，甚至覺得是在幫對方的忙。如果在這情況下再細想，仍有不同，包括覺得自己沒做錯，可能意味著自己只是做自己該做的本分，至於明明是傷害他人卻視而不見，覺得自己是在幫助對方，這些情況是有著不同的心理狀態。最極端的點，是那些被稱爲反社會人格者，這種人格者大致上不被當做精神醫療可以處理的一環，如果可以處理，也僅是他們所衍生出來的其它心理課題。

從另一角度來說，罪惡感有著另種不同的類型，有些人覺得自己少做了什麼，或多做了什麼不必要的事，而讓對方出了問題，他們覺得那是自己所導致的結果，重複想著早知道就可以如何的想法，不斷地糾纏著他們。想著早知道就做些什麼，就不會發生那種憾事了，因而有著罪惡感的出現，這種情況下的罪惡感，後來幾乎變成像是迫害者般影響著當事者，使其一直處於某種遺憾裡。

爲什麼這種自我要求，乍聽也是合理的自我期待，是在合宜的範圍裡，卻可能因爲重複的出現，甚至會變成折磨自己的自我要求呢？尤其是在面對親人的突發過世，或者是工作上由於某些可能難以預見的落差，常常變得如此。也許會讓我們更感到困惑的是，這種重複且長期處於自我苛責裡的情況，甚至會變成苛責其他親近者的方式。

這種情況常是周遭的朋友和親人覺得被對方苛責，但是當事者卻不這麼認爲，覺得他只是苛責自己並沒有要苛責他人，使得在自己和周遭者之間，處於另一個隱性或明顯的衝突。例如：這種衝突的內容可能是，你爲什麼不要放掉那些呢？那些又不是你的錯，你這樣只是在虐待自己……等，由於這些話語並未發揮預期的功效，使得周遭的人也感到挫折。覺得自己幫不上忙而自責，或者生氣對方不願意走出來，使得關係陷在這種困局裡打轉，讓雙方的關係可能因此陷在僵局裡。

我們不會說，所有類型的罪惡感，都會讓關係走到這種地步，不過從臨床經驗來看，如果會走到這種地步的罪惡感，會是眞正困難處理的。因爲很難以一些客觀的現象，來說服對方改變，常也會把重要的客體對象捲進這場糾葛裡，覺得重要的客體對象不關切他，但是重要客體對象卻覺得精疲力盡了，被捲在永無止盡的罪惡感漩渦裡。

理論上如果走到這種地步了，很有可能的是，這種罪惡感不會只是針對後來出現的某件事，而是更長期的狀態了，甚至是童年經驗的延續，只在後來因某事件而流露出來，變得一發不可收拾的感覺，這種情況通常是難以自己處理，而需要尋求專業的外援了。

罪惡感會如何傷人傷己，卻是難以剎車

（給醫療心理相關專業人員的想法）

罪惡感這詞，是日常生活廣泛被使用的語詞，通常愈被廣泛使用的語詞，常會被賦與多元的內在意義。但溝通者之間，可能不會察覺到他們之間使用時有差異，這可能是大家在溝通時，就只想到自己認可的部分，而誤會以爲大家都是一樣的。像「罪惡感」這種有著多重意義做內涵的語詞，最常見的差異是，到底罪惡感是個好的概念？或者它根本就是一種磨人精？只是讓人變得疲累不堪，甚至被這語詞所害呢？

在日常裡可以看見這些現象，就像說，有人以某人缺乏罪惡感的能力，而做出某些惡行後仍不認錯，這是常見關於罪惡感的運用方式。在這種情況下，就會衍生出如何讓對方有罪惡感的能力，不過坦白說，這可能是相當不容易的事。這種罪惡感的存在，需要有源遠流長的心理基礎，才會有合乎現實也具有理想性的運作，可以發揮在社會教化或文明性的基礎上。

最極端的缺乏罪惡感的惡行惡狀，大致是屬於「反社會人格」，這也是我們說，並不是那麼容易從缺乏罪惡感到變成有罪惡感，雖然精神分析家溫尼科特曾有文章表示，非行行爲是一種希望（deliquence as a sign of hope），這是指青少年或之前的某些非行舉動，常是有著吶喊希望被看見、被關懷的潛在訴求，只是在成年後，如果相關的連帶收獲（secondary gain）過多且固著了，要眞的改變成有罪惡感，並減少非行行爲，的確不易，這也是何以需要法律來當處理的手段了。

另一種不同樣子，卻也被稱爲罪惡感的是，它是極度理想化的化身，由於可能未做到什麼事，而使得某件不幸的事發生了，或者僅是擔心某些不幸的事，會因他的未完美注意而發生，以致於可能會帶來災難，因此花了極大的心思，想要維持這種理想性和完美性。只是現實上，這是不太可能做得到，尤其在疫情下面對病毒，只能一步一步收集訊息往前走，無法有起步就完美的想法和做法，不過在這種情況下，常讓和他互動的朋友家人或同事感到挫折，因爲期待自己可以說服他，不要那麼要求完美，不要那麼理想化，卻遭到了否定或怨懟。

這種方式常更只是讓當事者覺得對方不在意他，不了解他的想法，自然會使得他和周遭者的互動處於緊張狀態。這種情況的僵持，有時候會讓他人覺得，他怎麼像是要讓自己一直有罪惡感，也要讓周遭者陪同有罪惡感，這些罪惡感大致有著類似的地方，都是充滿著理想性，但那是難以被落實的理想性，同時也拒絕被指出來難以落實的理想性，就在這種環環相扣的張力，讓人和人之間常會陷進某種難以打開的死結裡。

由於兩方都覺得自己的想法是對的，是最有理想性的，因此很困難真的看見難以落實，或看見需要分成不同層次來逐步實現，不過這種情況下的理想性是硬梆梆的團塊般，很困難如期待，是否可以如堆積木般把理想性分成多次來實踐，但是如果這樣子就是不夠理想了。

這些難題可能出現的內容，隨著個人會不同。有些人是集中在某個工作上的問題，有時是放在對方或自己曾說過某句傷人的話，或糾結在無法百分百完好處理的某些事，例如面對不知在何處的病毒，就是一件令人挫折，可以掌握人生的理想期待都被打敗了，還被看不見的敵人打敗就更多挫折。這種反應可能有著看不見的潛在心理在作用著，和外在環境的因素相互加成而更加挫折，而且以罪惡感的方式出現。

因爲如果無法做到理想的期待，可能家人或朋友會因此遭到困局，然後就在這種罪惡感上打轉，這種情況容易讓人以爲，只要弄清楚外在環境的事實，就可以打散罪惡感，由於常是有著內在潛藏的理想，因而很難讓罪惡感被打散，因爲這會被解讀爲是自己放棄那些理想了。

這些描述可能很難讓你直接運用，來說明處於這種情境下的了解。不過對於第一線的相關專業者來說，我們相信如果能夠了解這些可能性，相對的不會被捲進無止境般的罪惡感，當我們能夠不被捲進去，至少就不至於加強對方罪惡感的強度，而變成一種惡性循環，雖然我們常常要在這種互動裡一陣子後，才會發覺自己的罪惡感要剎車，這常是臨床工作的實情，甚至任何工作者都難完全避免，只能在事後一陣子，才驚訝地發現自己陷在和他人的罪惡感漩渦裡，如何讓我們隨著經驗能夠早點察覺，倒是更重要些，以避免完美的期待自己不會如此。

日期：2021.07.16星期五

你和我不同嗎？淺談分裂機制的防衛

（民眾版）

「同島一命」，是最近很常聽到一句話，多數用來互相打氣、互相合作協助的意義。最近的問候語是「打疫苗了嗎？」多數也是在彼此交換情報，分享疫情下所產生的話題。還有一句話，「你打哪一個廠牌的疫苗？」也是最近很夯的對話焦點，與各個廠牌疫苗的副作用及有效性有關。這個從相同到不同的過程，「不同」成爲主角，自然就夾帶了分裂或分化的歷程與情緒，穿梭在每個人的心中。在分裂或分化的運作之中，我們看到了不同層次的互相對待：是互相扶持、互相尊重、或是彼此對立、甚至是敵對……等，都是有其背後運作的生命故事。

大多數的國人，到目前爲止也許大都理解接種疫苗的重要性，可是在幾個月前，要不要接種疫苗確實是一個爭論的議題。我們可以發現，隨著資訊的越來越透明和多元，國際上很淸楚地傳遞了接種疫苗的重要性。另一個起點是，國內疫情在五月分突然升溫，於是原本要不要趕快接種疫苗的議題，因為生命受到威脅的強度增高，變成了比較不是爭議的焦點。這也是很清楚的對話重點的變化，五月初從我們臺灣很安全，就算有潛在的病毒，因為大家各司其職防護得宜，並未見大規模的影響力，又何必冒這個風險急著去接種疫苗呢？到現在轉變成趕快接種，先得到防護力最重要。這樣的驟變，對生命風險的影響加劇，把「不同」的聲音，帶往了「相同」的陣線。

當社區感染的確出現，感染率和死亡率急速的攀升，震懾了島上的人民，大家願意冒著認知的風險去接種疫苗了。於是，我們看到了疫苗覆蓋率，和國際比較的各種數據和圖表陸續出現，意味著我們跟世界多數國家一樣，經驗到相同的遭遇，也用類似的方式在處理，即使我們獲得疫苗的方式「不同」，這是在相同的基礎上運作的不同，也是頗令人放心。然而，「不同」這個關鍵字出現了，在「分裂機制」的運作下，把潛在的對立召喚出來，影響著原本進行的事項。

當大家普遍認同必須盡快接種疫苗，開始比較的是你和我打的疫苗的不同。各種廠牌的疫苗，可以直上國際舞臺，肯定經過了科學層層的考驗，在安全性、有效性和全面性的評估後，都有其獨門的技術，和國際專家認同的數據表現。但是在門診或生活的一些對話中，確實可以聽到不同的聲音，比方說：阻擋病毒要緊，什麼廠牌都沒有關係；副作用很可怕，還是要選一下廠牌吧；政治立場需要考慮一下吧；價格也是一種考慮；從那個國家來的也要考量……等。

如果從安全的層次來想，阻擋病毒來避免生命的威脅是重要的考量，但如果副作用可能對某些特定身體狀況有重大風險，再加上有疫苗選擇餘地的前提下，那麼選擇比較適合的特定廠牌，也不是一件奇怪的事情，也就是同樣都需要接種疫苗，但因爲個人體質因素，所以必須施打不同的疫苗。

然而，很多科學理性的思維，並非必然是結論的終點，反而可能被用來作爲分裂的起點，也就是因爲「不同」，所以被認爲一定是有歧視、一定有黑箱、一定有假消息、一定有一些不爲人知的祕密在進行著，如此倒果爲因的言論，也充斥在疫情紛擾的現在。

我們看到了分裂這件事，是疫苗的因素嗎？其實，往往是分裂對立，或稱爲尚未融合，它們原本就存在，只是疫苗成了代罪羔羊，吸納了雙方的衝突，於是轉變爲疫苗的混戰。就像父母親吵架，卻怪罪小孩不乖，錯置了焦點，無辜的小孩因爲先天的位置，不敢或無法發聲，只能默默承受著莫名的罪名。疫苗不能幫自己說話，必須靠人發聲，但人心原本就有愛恨情仇，於是科學解決不了的衝突應運而生，尤其打疫苗的目的之一是增加群體免疫力，於是當然有人會問，大家的「不同」，究竟只是科學的考量，或其實有人性的許多算計。

某些壁壘分明原就難以相互說服，漫談分裂機制的影響

（給疫情下第一線醫護相關人員的想法）

在疫情壓力下，不盡然每個人主觀都會感受到疫情的壓力，然而當我們假設在這種非常態的疫情下，客觀來說，對所有的人總是會構成某種壓力，只是這種壓力不必然會被自己感受到，甚至有可能覺得相反，覺得沒什麼，反正人終將一死，這是有些高段的人生境界了，能到達這境界自然是值得恭喜的感受和能力。我們談論二分法撕裂的內心深處時，並不是要和前述的境界做對抗。

我們是試圖要說明，就算人生修練到很高的境界，人總是由一些基本的人性出發，有好有壞、有善有惡……等，通常這些是平行存在於我們內心深處。如果事事順利，或者外在環境平順時，這些相互矛盾的感受和情感，可能都相安無事地並存著。但在某些壓力下，就會兩方開始壁壘分明起來，例如在疫情下，原本政治立場或對腳下土地情感的不同，和每個人要做自己的主張下，使得疫情下要進行的中立措施也會因此受影響。

乍聽之下，像是一般人說，是耳朵軟或心軟，如果觀察這些撕裂所掀起的紛爭和尖銳，是要想像內心深處有什麼硬梆梆的分裂或碎片，它們在相互論輸贏，但兩方勢均力敵，因而呈現出外顯上的矛盾，或者聽從內心裡恐懼的指引，而決定了某些行動，這有什麼值得我們一起來觀察和想像的呢？

如果我們假設人在一生裡，從小到大，每天面對如何活著和如何活下去，在生命早期就有心理的層面開始運作了。這些生命早年的心理運作方式，可能不會和目前成人時期相同，不過我們很難說，不會受到生命早年經驗的持續影響。因此要進一步想像和了解，何以目前疫情下，一些不利於疫苗的訊息，何以如此容易被耳軟地聽進去了。通常這些訊息的特色，是塑造出某種恐怖感，尤其是讓人們不自覺地牽連到，生命早年經驗的恐怖感（恐懼感），只是由於目前的恐懼是有眼前疫情的原因，一般來說很難讓人覺得目前的恐怖感，和生命早年的經驗有所牽連。

我們假設有所牽連，是由於目前製造恐怖感的一些訊息，是來自原本就親近者的群體所散發出來，就更容易被聽進去。何以原先有親近感的群體，所散發出來的恐怖訊息，會更有力量呢？這就是我們假設的，不再只是意識層次知識思考的問題了，而是有著以情感，尤其是深層在一起的情感所散發出來的相信，不再只是以科學的知識就可以翻轉。

這些訊息之所以有效，大致有著共同的心理基礎，以好壞善惡兩極劃分的情感動員，例如以恐懼感（恐怖感）的動員為基礎，目的不是要傳達有用的科學訊息，有著我們假設的「分裂機制」（splitting）在運作，所產生的效應是二分法的兩極化。例如好壞善惡的二分，都是站在兩端的端點上，都是以那是最理想的，那是最好的心理做基礎，使得一般科學知識裡，有著不是百分百確定，變成了就是不夠好，甚至被推想成是不好的。例如這些也反應在還未眞正有最後結果的國產疫苗上，要求最完美、最理想、最好的聲浪，就會成為佔據心思的想法。

仍得看最後的數據，但是在心理上，不是最理想者就變成是不好的，很難在目前以各種科學知識來有效說明，因為科學知識的基本特色，是無法百分之百。在分裂機制的影響下，很快就會不可思議的被推往不好的一端，而不是等待最後的實驗結果，來做自己的衡量依據，在事前就做出了提早的判定。我們這些說明有著深刻的心理經驗，等以後再描述，本文先在此暫結，先讓各位讀者知道，何以有些事難以相互說服，甚至想說服反而變成對立，就是這種原始的「分裂機制」運作的結果。

我們這麼說，並不是就要放棄科學知識的說明，只是提出潛在心理的一些可能性，做爲大家觀察的起點，慢慢從這角度來累積觀察經驗，和尋找在說明科學知識時，遇到了如前述的侷限時，不是只是沈浸在挫折，也不只是採取更重度的出力說明，而是想想是否有著其它的心理作用著，並累積自己在這種二分之下，仍有可以說明的功力，通常需要對於這些現象有更多的觀察和體會，就自然會找出每個人自己的方式。

兩極化裡的心理防衛機制：深談分裂機制引發的難題

（給醫療心理相關專業人員的想法）

疫情下事涉生死相關的事，很難只以意識層次的現實衡量，做爲唯一的考量方式，例如從先前的口罩領取和目前疫苗注射的事情來看，一般會帶來的謎題是，何以大家的立場會如此兩極化，是否要注射疫苗？是否要選擇何種品牌的疫苗呢？

表面看來是有著分辨並嘗試做出選擇，不過更常見的是，整體上像被某種心思力量推動著，讓人覺得只是被迫硬要做出選擇，加上所要選擇的疫苗，並沒有百分之百無副作用者，也沒有百分百功效的疫苗，讓這種緊急下的選擇，變成大部分人內心交戰的場景。

這種內心交戰的場景，看來有個特色，就是容易受一些外來訊息的影響，尤其是那些擴大原本就不夠完美的訊息，例如疫苗的功效不是百分百，不是一針就一勞永逸……等，另外還有個重要特色，就是難以相互說服，如果硬要說明某些較貼近眞實的訊息，可能反而變成針鋒相對。原本不過是知識的討論，怎麼會變成這樣子呢？

對於這種場景的出現，如果讓你覺得很疲乏挫折，好像怎麼說都沒用，這只是意味著，問題不是在於科學知識層面而已，而是有著更深層的其它心理意涵了，使得原本看似單純的科學知識的交流，變成更複雜化的感覺。尤其是某些訊息被傳達時，可能不只是知識的挑戰或扭曲，而是有著潛在動機想要挑起人們的恐懼感，這些恐懼感變成了鋒利的刀般，讓人們經歷著人和人之間關係的撕裂，變得難以互相溝通。依著目前的心理防衛機制，是能夠以分裂機制（splitting）來說明這種現象。

分裂機制是很原始的心理防衛機制，理論上屬於生命很早年的防衛機制，尤其是更早於「精神官能症層次」的，潛抑（repression）、合理化（rationalization）、壓抑（suppresion）、反向作用（reaction formation）……等，而分裂機制被歸類爲「精神病層次」的防衛機制。所謂「精神病層次」，並不是等於成人的精神病的意思，是指這種心理防衛機制很原始，不是以現實和意識的概念可以完全了解，這也是何以目前遭遇到的情境，總是如此難以說明清楚，或者說清楚了但難以改變什麼。這些潛在的心意都是堅決而且銳利，是如精神分析家比昂（Bion）所說的生命發展早年的心理經驗，如同心理碎片（fragments）的部分客體（part-object）般，不是如一般想像的完整客體（whole object）的心理經驗。

所謂碎片般的心理經驗，是指那些心理經驗難以完整說清楚，或者起初覺得說得完整清楚了，心中卻仍留著某種莫名難以說清楚的感覺，而且這種情況可能不必然與他原先的問題直接相關，也就是由於那是心理碎片的現象，因此可能會轉而成現在其它看似不相干的、莫名難以說清楚的感覺，這也是何以需要精神醫療或心理相關工作者，對於這些現象有所經驗和了解，才可以觀察到個案所出現的這些現象。

由於這些經驗很破碎零散，就算治療者有經驗而觀察到這種現象時，要如何以語言說清楚，讓對方知道也是不容易的事，這也是我們面臨的難題。我們觀察到了，有了假設和主張，也知道這種分裂機制所帶來的二分撕裂的後果，但是如何說明，並讓個案可以接受，並加以思索？如果缺乏穩定且信任的關係，硬是指出這些現象，常更讓對方覺得被攻擊，不被了解。因此我們如何先忍受這種情況，是個重要的起點，因爲臨床常見的是，如果無法先試圖忍住並涵容（containing）這種現象，會讓治療者在過度挫折下，而說出了太過深入心思的觀察，反而讓治療關係變得更困難，也增加了治療的危機。

我們會陸續再來說明這些情況，目前我們只是盡量說明，讓各位讀者可以在心底認識了這種現象，而不會讓自己陷進過度的無力感、無望感和無助感裡。因為當我們撐得住，不被如此心理機制推倒時，我們的持續穩定就常讓個案有不同程度的獲益，可以簡化成要挺住要撐住，只是我們嘗試讓各位了解，背後可能有著這些心理在運作著。

日期：2021.07.23星期五

分裂了，該怎麼辦？
（民眾版）

既然分裂機制是如此存在，也確實造成了社會上、人與人之間、甚至是個人內心的困難整合，因而產生的語言衝突、態度對立、甚至互相傷害與內心煎熬的結果，不免在日常生活引發或輕或重的影響。在醫療端，常常會出現在醫病溝通的困境與僵局裡，讓原本單純的專業互助行爲，演變成不單純且不愉快的內心戲碼。在這個時候，溝通變成了重要的橋段，無法溝通或不溝通也會是可能遇到的情況。這樣的情境，在生活上也是不會少見。

面對這樣的問題或情境，很常見會產生逃避、犧牲或計算……等種種心理運作，因而很難理性的直視面對。一旦這些心理運作發展成強烈風暴，就可能會引發情緒運作的困境或阻滯，進入所謂的病理性的情緒表現，如焦慮症、憂鬱症、恐慌症……等；也會連帶帶動身體的自律神經系統的緊繃，產生所謂的身體化症狀，如胸悶、頭痛、腸胃不適……等，或者就在行為的層次上引發失衡的舉動。

於是我們知道，這樣的身體或情緒或行為的源頭，可能一部分是來自這些心理機制的運作，因此我們必須考慮與這些心理狀態共處，來協助進行理解與疏通。這也是要準備對自己或他人進行更深入了解，這可能會是個重新的起始點，無法只是循著以前彼此熟悉的軌跡運作。

適當的接納與善意，是大家應該都可以想像得到的方法之一，其實也是老生常談的語彙了，只是在這樣的強烈氛圍下，並非一件容易的事，因為在還未眞正認識「分裂機制」運作的各種面相之前，總是必須如瞎子摸象般的試誤學習，是有可能一不小心，碰到了地雷，自身陷入困境，但是我們可能會出現一種心理運作，想要鍥而不捨的來處理與面對，因為曾經的美好與融洽，是大家願意作一些努力來回歸的。正因為如此的心理風險與困難，於是很自然地，多數人選擇了暫時的逃避，除非萬不得以或有充分的準備，才有辦法冷靜以對。

何謂適當的接納和善意，是可以來討論一下。在這之前，我們必須先試著反向來思考，如果從以上的前提來推論，要面對本來會產生逃避狀態的分裂機制運作，是有相當的張力而不自然，並不是要先信心喊話一定要克服，而是要有心理準備，可能會隨時暫時中止或放棄任務。這樣的心理準備，比較不會讓參與者陷入必須很用力勉強的狀態，進而產生另外一種扭曲或僵化，甚至是盲點。小結一下，當我們心理仍處在逃避的狀態時，意指善意還未出現前，是很難勉強讓接納發生。

我們在此把「善意」定調爲一種態度，「接納」是因著態度而產生的行爲。所謂的善意，並非是指要不計代價的熱心和忍耐來展現，這樣可能會因爲太過執著，而產生盲點，陷入另一種無法跳脫的惡性循環。反而可以運用「善意」的開放，來開始了解對方或分裂的狀態，意思是指，不是先認爲對方或分裂是不好的，而需要被監督或矯正，反而是試著以中立且去惡意化的溝通互動，來認識這種產生極端狀態的來龍去脈，這種認識經常會同時產生一種自我的評估與感受，成爲未來是否有能力「接納」的基礎。「接納」也並非無條件的接受，是在評估自我的能力後，一步一步接納可以處理的部分，然後再進行滾動式的檢討，讓處理的一方並非硬吞下而無法消化思考。

於是，本文的題目〈分裂了，該怎麼辦？〉的解答之一，並從想要找到整合的方法出發，發現要整合之前，必須要放下成見的先互相了解，這種分裂是如何產生的？而要放下成見之前，必須先有自覺，這不是一件個人一定可以辦得到的任務。

漫談分裂機制：例如疫苗選擇所誘發的心理困局

（給疫情下第一線醫護相關人員的想法）

現在疫苗可以有些選擇的空間了，本文是針對選擇過程裡的心理學，提出一些想像。希望藉由這些想像和假設，讓我們來了解，當面臨重大壓力下進行選擇時，可能存在的某些心理機制，並希望藉由這些想像，來讓討論相關議題時，不再只是針鋒相對而已，而是另有思考的空間。

疫情下，對於疫情訊息，尤其是疫苗的訊息，由於高度專業化，使得民眾也有權了解的說法，是個顯學，這是進步的意識型態，但也同時面臨著，這種進步裡可能隱含的破壞力，這牽涉到背後的可能動機，而這些動機並不盡然從一開始就可以被知道，甚至這些動機裡，有著難以承受的恨意，連當事者發現時都可能會嚇一跳。我們是需要觀察和想像，那些進步的想法，接下來會走向那裡。是增加思考和討論，或者只是增加恐怖感，難以自由的思考，變成另一種型式的綁架？

如果走向分裂爲兩極化的恐怖感，並非形成兩大塊可以互相交流的心理領域，反而是藉由不同的生命課題，做出各式的切割，成爲衆多的孤立，造成孤獨，而且是缺乏創意和想像的孤獨，只是讓人想要保護自己僅有的孤獨，這是恐怖的散播，不是要增加多元思考的可能。外顯上有時不易區分，因此人們容易會視而不見。

我們的假設是，當那些各式零碎的想法，無法在情感上帶來舒適的知識享受，並能夠有更多的想像出現，反而只是被陷在衆多的零碎裡，覺得動彈不得或動輒得咎，這是分裂機制重複運用後的常見結果。因爲零碎感而更加孤獨，會變得更需要強有力者做依賴，只是這種情況下所期待的強而有力者，可能常是具有暴力本質者，可以在當年的納粹主義下看見這種情況。

不過這種現象在人性裡仍無所不在，需要我們注意和觀察。如果使用「分化」一詞，大家可能會容易理解這種現象，常使得大家只是很快地靠邊站，不再思索那些事的細節，而這種種現象正反應著我們所說的分裂機制，是如何在每個人的內心深處中無所不在，甚至連所謂正常人也都會有它的遺跡，持續運作著。只是每個人各有他們其它的能力，在內心裡處理這種原始分裂機制的作用，進而達成某種平衡，如果大家仔細觀察，對於疫苗的衆多撕裂的論點，可能會有一些這樣的發現。

這些心理機制的運作，大都是不自覺的，使得要說明它們並不是容易的事，也是我們目前嘗試，在疫情和疫苗選擇的重大心理壓力下，來談論分化的現象時，會遭遇的難題。因爲原本的對峙和分化，早就存在著，還好的是在台灣這塊土地上，大家逐漸擁有自由和文明的進展，使得就算有分化，也可能有人會刻意攻擊，企圖撕裂這塊土地上的人們，同時，我們可以在某些相互尊重下，讓極端分化的運作得以侷限在某些層次。

我們更在意的是其中的心理學，我們假設有某些心理的工作而呈現出外在現象，但要藉此走向內心的探索，是如此空白或斷裂。我們只好借用目前正在發生的事，做爲我們討論內心世界的平台，深思的朋友也許可以發現，我們何以說明這些細節，其實是在塑造著一個希望，希望這些外顯的極端二分法的現象，是大家可以逐漸來一起思考的現象，而不是只停在被不自由地恐怖化裡，讓自己就只是選邊站，而不是深思後的選擇。

我們無意以這是對或錯爲終點來說明這些現象，如果這樣我們馬上陷進了二分的處境，但是否這樣會變成鄉愿呢？就深度心理學來說，我們並不是要大家只往最好的方向去想而已，而是讓大家也知道，在最好和不好之間，其實有衆多可能性。但是在不少情況下，由於前述分裂機制的作用下，常會讓人變成只有最好的和不好的兩種選擇，偏偏這種情況下，不好的那個選項，可能更有情感在裡頭，而變成另一種兩難的選擇。

這涉及另一種心理機制，稱爲「理想化」，我們再另來談它，在這裡先提醒各位讀者，如果陷在這種兩難處境，要想的可能是如何在兩個極端情況下，思索中間還有那些可能性？

疫苗恐懼裡另有潛在的恐懼：分裂機制的僵局能被整合嗎？
（給醫療心理相關專業人員的想法）

本文並非是說對疫苗有意見者一定如此，而是對某些莫名恐懼不安者的心理，提出假設式的說明：會有「分裂機制」作用的產生，常是那些恐怖情緒觸及了深層的恐懼感，就算我們使用「恐懼感」這詞，常常並不會被當事者感受到，也就是除了一般會覺得的害怕或恐懼外，另有其它我們不自覺，卻始終存在的恐懼？這是從小長大的過程裡，很難不會殘留的心理因子，而這種深層恐懼可能會投射到生活上，某些看似微不足道，或大家都覺得恐怖的事項上。這是排除有心人刻意運用心理學，然後透過外顯的分化操作，讓大家內心裡有著恐怖情緒，來挑動這些人性裡很原始的部分，形成分化，藉以達到他們的目的。

只是一般常是相信，自己的恐懼就只是他們想得到的事項上，不太容易假設在這些事項外，另有更深層的恐懼存在著，容易在壓力之下，輕易地被撞擊出來，卻只覺得莫名無來由的不安。這種莫名或無來由的不安，可能有著更深層的恐懼在底下，只是那不是一般想像的思考可以抵達的地方，因而常讓人覺得不可思議，明明知如何才是較好，卻選擇了乍看不是對自己有益的決定。有些精神分析者會以死亡本能來形容這現象，由於這好像是答案，卻是不容易被體會的說法，因此我們嘗試慢慢來說明，這中間有的心思，有些是意識的，有些是意識之外的內心思考。

如果從意識的角度來處理臨床實境所呈現的問題，就會在兩個選擇裡加上判斷，那一個是最符合現實的利益。不過如果個案的問題，是源於早年的分裂機制，那麼就算解決了眼前的這場矛盾，仍將有另一個再現的僵局，畢竟問題是在於心理層的兩極化處境，會不斷地出現在各種生活事件，不論是對人或對事，因此遭遇這種情境時，最常聽到的合理方式是，要如何整合兩端的說法，意味著不是排斥另一端，而是兩者的「整合」，但什麼是兩個極端的整合呢？實情上更常見的是，期待某一方退讓或消失。試想會造成矛盾的兩端點，常是勢均力敵才足以形成所謂的矛盾，那麼我們的處理方向，可能就不是硬要剔除某一方了，對於這種局面，我們需要什麼想像，做爲我們處理的方向和依據呢？

我先提出「扁擔論」，針對這種臨床現象處理方式的主張，不是馬上可以解決問題，但值得來觀察，是否因此能有更大的空間，來想像分裂機制所衍生出來的兩極化課題，而可以接近精神分析強調的中立或分析態度時，所帶出來的自由。所謂扁擔論，是指在兩極端之間，如何建構出如同一根扁擔般的功能，成爲挑起兩端的工具。

如何做才是扁擔論的想法呢？大致是先不是要整合什麼，只是讓兩者並行存在，不是忽視兩者間的相互對立，而是如果是源於分裂機制的兩極化，需要先有機會不過於想要排除一方，而先帶來不斷的衝突。因此扁擔論也許是更貼近是一種態度，如同以扁擔挑起兩極化的內容和現象，也許有人以包容或忍受兩極化做爲表達方式，我是以具體的扁擔做爲思索的基礎。

這是高度複雜的議題，僅先談到這裡，接下來我們先來談兩極化作用裡，隱含的另一個重要心理因子，「理想化」的潛伏和它如何影響大家的情緒，之後再續談分裂機制對於心理生活品質和幸福感的重大影響。

日期：2021.07.27星期二

我想要最好的疫苗，有嗎？這是過於理想化嗎？

（民眾版）

用來減緩疫情及重病率的疫苗選擇慢慢增加了，有機會進到台灣的種類也越來越多，近期疫情指揮中心在考慮混打的可能性。大家已經知道各種疫苗適用的科學根據，而同時間，因爲有兩劑的間隔，在外國進行中的混打策略所傳遞出來的數據，也由國內專業單位進行相關的臨床測試和報告。不僅需要醫療專業的考量，也必須考慮疫苗供應的各種影響因素，儲存及施打執行面的運作方式，以及後續的反應追蹤，進行滾動式的裁量。

然而，即使科學的專業仍進行工作的時刻，許多人已經在不同的消息中工作了，心中的焦慮已經開始串聯自己心中的線索，往自認爲比較順利和理想的方向思考組合，其中牽涉到的一種心理運作，稱爲「理想化」。

前幾篇文章陸續提到了分裂機制的運作，也提到了

「不同」所帶來的影響，當不同的疫苗、或不同的施打方式，在資源有限又相當重要的情況下，這個不同不見得可以被彼此尊重，反而常常由這某個「不同」，開啟了過去隱藏在大家心裡的恐懼、忍耐、委屈、不公平的感覺⋯⋯等，不自覺的在某個「不同」裡一起釋放出來。於是，等不及客觀的裁量和安排，因著不安全感所引發的各種情緒，可能會運作出各種語言的批評和無法秩序的行爲。

不論是接受分配的安排，或是可以進行選擇的狀態，也許多數的人覺得自己打到的疫苗，是衆多有限條件下還不錯的選擇了。因爲疫苗屬性有其不同的功能，也還在臨床不斷觀察和研究中，在什麼樣的情況下，應該用什麼樣的疫苗或疫苗組合，才能減少生命的耗損，就算科學數據尙不足以完全清楚的判斷，也就是最理想的組合建議尙未呈現時，至少安全的層級已經達成，就目前檯面上可見的疫苗，幾乎可以預防萬一受感染後的重病率和死亡率了。多數人在自我衡量判斷各種客觀現實和主觀因素後，可以正面接受自己所施打的疫苗，總是一件好事。

然而，當這個理想化被放置在分裂機制運作的內涵時，常常伴隨焦慮、甚至恐懼，需要把對自己或他人，理想化成爲一種被要求或苛責，讓面臨碎裂危機的自己可以得到被保護和依賴的感覺？爲了阻擋這樣的感受，這種理想化會進入一種極端化，無法完全平心而論的來看待，也就是並非感覺是在安全基礎上，來考量可以有多少的加分？因爲這個理想化的狀態，是爲了要減少恐懼，因此常常唯一化和排他化，甚至形成一種狂熱，而無法考量客觀現實。

因此卽使客觀的安全已經某種程度成立，往往並不被理想化的狀態所能考量得到。在醫療情境中，有時會看到，就算醫護團隊拚了命的救援，仍有時會被他人苛責，或看到醫護人員對自己的苛責，也會看到病人或家屬對自己或互相苛責，困難的是，這些多數是不自覺發生的。

在安全的條件下，是可以保障分裂之後的雙方可以用自己的步調，慢慢的再整合起來，然而分裂之後，常常見到的是孤單、恐懼，因此要如何確定安全變得相當困難且重要，因爲這個安全不見得可以被感受到，換言之，卽使客觀的安全已經存在，卻常常被視而不見，甚至是扭曲化了。

這也可以見到不同的族群，對疫苗數據的解讀，除了字面的意義外，常常會附加更高更廣泛的理想化定位。換言之，卽使尚未生病，疫苗所被賦予的理想化的假設，已經很明顯的存在。而理想化之後，另外一方面的訊息，很自然地被歸類成不理想化，這又回到了對生死掙扎的境地，分裂意味著一種風險，隨時可能被取代，因此，要如何理解這種理想化的破壞，就必須考量所隱藏的分裂和恐懼，而且此時的現實常常是無法被考量的客觀。

當「理想化」變身成嚴厲的武器時，會是什麼樣貌呢？

（給疫情下第一線醫護相關人員的想法）

我們要談論的理想化，不是一般所說的，例如有著要出國比賽拼奧運得冠軍的這種理想，就算是這種理想也需要眾多因緣，以我們的話，是需要很多現實條件的基礎，不是每個人都有機會。今天要談的是，如何慢慢觀察，有些理想只是苛責自己和他人的武器，而有些理想是一步一步在往現實可實踐的方向進行。

延續前頭的文章，談論分裂機制所帶來的心理撕裂，通常這種情況也有著理想在裡頭，只是這種理想傾向，是我們所說的，只是做爲苛責自己和他人的心理武器，可能也是目前所謂「認知戰」得以成功運作的心理基礎之一。

我們以最近的新聞做爲思索的材料，在西元2021年7月26日星期一路透社的訊息裡，法國議會批准了一項法案，該法案規定要對衛生工作者實行強制性接種COVID-19抗病毒疫苗，並在法國與第四波COVID-19感染對抗時，要求在進入社會場所前，必須獲得健康通行證。另《美聯社》報導，法國先前批准一項法案，即只有「疫苗通行證」持有者，才可以進入餐廳等場所，並且強制醫療人員接種疫苗。只有完全接種者、病毒篩檢陰性及武漢肺炎（新型冠狀病毒病，COVID-19）康復者，才能取得「疫苗通行證」。

法國在7月24日，約有16萬人因不滿此項法案，在各地發起抗議，並在遊行中高喊著「自由」。法國總統馬克宏表示質疑，「若不接種疫苗而染疫，甚至傳染給家人，那自由還有什麼價值？」他呼籲法國人應該團結，也批評那些煽動反對接種疫苗情緒的人。

的確法國這波疫情，再度帶來了確診和死亡數的增加，我們觀察政府的政策公告後的反應，那個才是最有理想的呢？是維持著自由，不做這些帶有強制並被立法或行政下執行的公衛政策？那麼馬克宏是背叛了他原本的理想，破壞了自由的重要基石嗎？這會被說成是向現實彎腰，或這是更重要的命題，自由是要做什麼的，這個命題在原本缺乏自由的國度，並不會被思慮，但是在自由之地的我們，倒是一個重要的課題。

如果最理想的是自由，那麼在群體遭遇重大災難時，自由的受限過程需要什麼做爲背景，才是不會毀掉自由，讓自由仍有喘息生機的沃土？我們的理想化，會放在這些命題和訴求的那個位置上呢？例如放在最端點的一切，都以自由爲基礎，只要有限制就是不自由，或者自由做爲理想的化身時，自由需要和外在現實有那些磨合，才是讓自由帶來更自由？這在精神分析取向的治療，以個案的自由聯想做爲訴求時，我們重複觀察著不同程度的自由，所帶來的影響。但是當我們說不同程度的自由時，意味著這不是最理想，卻是很現實的過程？

請各位記得，我們要談的，的確存在著某些理想性，可能不是讓自由有機會更自由，而是後來變成難以自由，這絕對自由的理想，是絕對專制的溫床嗎？或在自由和理想之間，是個滾動式的變化過程，雖然一般是不少見，某種理想被當成不可變動的工具，苛責自己或他人，而不是做爲一步一步在現實裡實踐的理想。

如果只說團結而缺乏這些思辨，可能讓團結變得只是空泛的道德訴求，依著英國小兒科醫師，也是精神分析家的溫尼科特（Winnicott）的說法來推演，我們可以說，人就是看著重要照顧者（他者）的臉孔和懷抱下長大了，也認識了這個世界裡有個自己存在。依他的論點，獨立的能力和關切他人（或成全他人）的能力，兩者是一體兩面，雖然目前心理學的主流論述，被當做理想的是獨立做自己，也是我們學習的西方心理學的基礎，因此讓要團結的說法覺得怪怪的，變得像是一種需要呼籲的事情，需要找出一些理由來支持才說得出口。

例如，以疫情下染病死亡或確診人數做爲理由，但值得想的，何以這些數據不是自然地成爲大家的行爲依據，而需要再強調呼籲，或以行政和立法手段來做呢？除了是政府做決策是有據之外，我們好奇和關切的是，在「個體」心理學被當做理想的主流時，那麼這種理想的主流對於「群體」會帶來那些扭曲的認識，讓我們談論「群體免疫」這語詞時是心虛的？

那麼我們的理想性是什麼呢？我們無意搬進外國的現象，做爲我們唯一遵行的路徑，但是做爲參考點時，在心理學上，前述的「理想化」這項因子，會如何在我們自身作用是值得觀察的，尤其是觀察當理想化變身成嚴厲的武器時，它會是什麼樣貌呢？

當「理想化」化身成分裂機制的內心戲時

（給醫療心理相關專業人員的想法）

先前談過的在壓力下，包括在疫情下，一些會帶來「恐怖感」的訊息被製造出來，不斷喧染，得以成功地讓人們在驚恐下，被引導到責怪他認爲主責的對方。在診療室裡，這種現象叫做「移情」。不過在這裡，我們先說明，我們無意說，既是移情，那麼我們就沒有值得再修正的地方。這在急診處應也常見，發現求助者對於醫院處置的不滿似乎超過常情，通常是有著前述的現象，只是我們仍先界定，這不是刻意如此，而是不自覺的反應，尤其是在壓力下，是更容易如此，而產生撕裂和對立。

以最近的事如疫苗這相當專業的事來說，某些訊息讓民衆被撕裂成對立的，如先前說明「分裂機制」的心理防衛時談過，這些外在訊息之所以有功效，是有著內心深處分裂機制的運作，是不被意識到的心理運作，因此撕裂的兩方，大多是在某些概念上對立爭議，難以察覺這些撕裂的現象，常有著更深層的防衛機制的運作，才會讓這些撕裂，重複發生在不同的主題，而且一直處於驚恐狀態。這可能不再只是概念認知的問題，是有著心理不自覺的分裂機制在運作著，讓理性的想法無法發揮作用。

其中更細的心理基礎是理想化，這裡所說的理想化，不是一般意識上，我們覺得可以一步一步於外在現實環境裡實現的理想。在日常生活可以看得見，有些理想被提出，是用來製造批評攻擊的理由，可能對自己或對他人是完美的苛責模樣，而對他人的理想化期待，常不只是期待，而是某種強烈的潛在要求，無法用來在外在現實裡實踐成功，並接著享受成功的果實，相反的，那是難以實踐，甚至無法實踐的理想，讓這種理想是苛責自己或他人的工具。

有時很容易區分，但可能得一陣子才會有，哇，原來是這樣的感覺和了解，尤其是如果刻意做爲認知戰的一環，一般人是不易察覺，因爲這種理想化有著完美的期待包在外頭，很難讓自己感受到，原來自己的理想不是單純的理想，而是某種苛責的變身，例如常見的，怎麼你都做不到，怎麼你都不是在我告訴你前就想到該怎麼做，你怎麼不是事先預防不要讓它發生，大家可能會發現這種心意滲透在目前常用的語言裡。最近大家常用的「超前布署」，這四個字有著科學假設做基礎，隨著新知識做出動態式（dynamic）的變動和修改，但大部分人都有著另一種理想化，在「超前布署」這四個字裡，常是以苛責爲目的，已完成的還不夠或已完成的仍是不夠完美。

這種理想化常讓討論和思考難以存在，造成先前文章裡提到的撕裂成兩方，一方是理想，另一方是不理想。甚至造就的是恐怖、驚慌和不安，這是這種理想化在內心深處運作的現象，雖然很難因現在知道這個語詞，就會帶來改變，但至少讓我們的心理有個這樣的理解，只是我們先聲明，請不要以這語詞來做爲攻擊的說法，例如，你就是理想化在作祟，這句話可能是對的，但它要發揮語言的功用，還需要再思索其它的內在，包括這種理想化在孩童的心理發展過程，是如何累積成後來的樣貌，我們將在後續專文來說明。

日期：2021.07.31星期六

疫情下理想化的多重面貌

（民眾版）

「我希望可以有好的疫苗，來阻止病毒的影響，這是理想化嗎？」延續先前的文章，有個「現實」因素需要考慮，何謂「現實」因素，是接下來想要延伸的討論，但這並非要決定這個理想化到底好不好，而是來理解目前的理想化是處在何種狀態？這是相當細緻的觀察，參考點是「現實」。這會影響自己和別人如何相處，也會影響自己和自己的相處。有如此的概念，可以在我們靜下心時，有一個方向來思考，有一種感覺來感受。

想法重要，還是感覺重要，看似很學術的議題，但在生活中，是很常見的現象的觀察和判斷，因爲往往兩者皆有，隨著我們所面對的情境而隨時變動，只是終究必須以語言文字或行爲來呈現。其實理想化的呈現，既是一種想法，也是一種感覺，因此對應的對象，就不只是對一個人事物的想法，也是對一個人事物的感覺，然後組合起來。

適度的理想，會引發適度的壓力，來啟動身心的能量，讓我們朝著理想的人事物前進，如果配合的是主客觀可以承受的狀態，方有可能順利地前進。

如果有某種理想化，形成了壁壘分明的對抗行為，或必須有強烈的忍耐壓抑，或是必須要犧牲掉很多的現實關係，那會是需要強烈的情感來支援的人事物。並非要說，這是錯事，只是當許多的不理解，發生在這種理想化中時，因為會動用大量情感的運作，往往處於無法一下子可以言說的處境，許多不理解的無辜與衝突，甚至是暴力，也會同時在其中發生。許多醫療現場的暴力，常常是在這樣的背景運作下發生的。

「現實」是甚麼？可以有許多不同的定義。我們把醫療現場常見的情境帶來描述，我們每天收看或收聽疫情指揮中心的報告，或醫療現場的各種說明，可以比擬為一種現實，這種現實的特色是如心理治療常常使用的「此時此地」的概念，正在發生的各種語言和非語言的交流，可以讓彼此感受得到，並藉此來引發各種想像的修正，也可以說是一種涵容式的溝通，用心聽和用心感受的過程，即使期間有必須彼此對焦而產生的衝突，但總是往可以彼此接納的感覺方向前進。於是「理想」和「現實」，有了可能的交集，也就是情感感覺層次的交流可以出現，這是可以被落實在現實裡的理想。

至於我們所談的，在分裂機制下所帶來的極端二分裡，常隱含著具有破壞力的理想化，雖然意識上，覺得有某種理想在心中，卻是具有破壞力的理想化，也同時夾藏著深層的恐懼與孤獨，因此容易被挑起恐懼感的訊息所驚動，而變得很不安。這需要不是只堅持好壞、善惡、愛恨等過度截然分明的安全感情境，要有能夠容納中間的灰色地帶，才會逐漸減少它的破壞力。

回到這句話，「我希望可以有好的疫苗，來阻止病毒的影響，這是理想化嗎？」如果配合的心理狀態是，「不論醫療科技再如何努力，如果沒有最好的疫苗，我就不接受疫苗，不論它宣稱有多少效用」，那麼這個文字組合，會是一種具有破壞力的理想化。如果配合的心理狀態是，「現在已經有不錯的疫苗，可以阻止感染後的死亡，雖然不是最完美的效用，卻是目前最好的了，也希望隨著大家的努力，更好的疫苗可以出現，那就更完美了。」這會是一種可以參與合作也能夠落實的理想。

理想化的心理因素帶來的撕裂現象
（給疫情下第一線醫護相關人員的想法）

由於容易被捲進對立和難以說服的情緒裡，使得第一線工作者覺得無力感，其中有著前述的分裂機制（splitting）的心理防衛作用，但它有著更細的心理因子，例如理想化的心理作用。我們將再進一步談論，理想化的多重面向裡具有的破壞力。以疫苗爲例，在歐美是有他們反疫苗的歷史，不論是宗教、自然醫學、或科學的理由，隱含著什麼才是最理想的人對理想性的堅持。

現象上有趣的是，這種理想性也涉及其他人的自由，例如反疫苗運動，如果有了疫苗，大家可以自己選擇要或不要注射，那麼原本的理想性只是對自己的期待，不會影響他人，那麼理想性的期待和自由的選擇，兩者是尚可以共榮。

台灣沒有成形的反疫苗運動，雖有一些以恐懼做訴求來驚嚇人的說法，要影響其他人是有些效果，但是依目前的登記和注射狀況來看，這些會讓人驚恐的訊息是被當做假訊息，雖然那些訊息內容不必然全假，可能操作過頭而產生反效果，不過這是一場長久的過程，仍會起伏吧。

例如，在〈當「理想化」變身成嚴厲的武器時，會是什麼樣貌呢？〉裡的例子，我們更好奇的是，以自由民主宣稱的法國，在疫情下宣布了嚴格的措施，例如法國總統宣布所有醫護第一線工作人員一定要注射疫苗，不然不能工作也沒薪水可拿，據《美聯社》報導，法國先前批准一項法案，即只有「疫苗通行證」持有者才可以進入餐廳等場所，而在同月24日約有16萬人因不滿此項法案而在各地發起抗議，並在遊行中高喊著「自由」。法國總統馬克宏表示質疑，「若不接種疫苗而染疫，甚至傳染給家人，那自由還有什麼價值？」

這裡有項重要的課題，不論是基於宗教、自然、醫學或科學的理想性的期待，對於是否可以選擇接種，或希望自己保有可以選擇的自由，不會影響他人的自由選擇，那麼何以老牌的民主自由的國家，總統會說出自由的價值不是選擇不注射的自由，而是以會傳染給他人做爲前提，因此選擇不注射的自由的價值，是有問題的呢？

這時候如果得病傳染給家人或他人，是件有問題的自由，或從另一角度來想，何以有時候某些乍聽是理想化的舉動和期待，呈現出來的卻是某種過於強大的限制力，甚至具有某種暴力的特質呢？並不是人不要理想，而是從現象來看，有些理想化的說法具有某種暴力般的特性，可以借用精神分析裡常談論的「超我」（super-ego）的概念來說明，下一篇〈理想化所隱含的「自我理想者」和「超我」的嚴酷〉，會進一步在理論上有所著墨，有興趣者可以參閱。

在台灣無法完全移植這些概念，不過這些思辨倒也頗需要，目前以疫苗的問題來渲染恐怖的現象裡，的確挑起了某些人的反應，或者讓接受注射者覺得是抱著恐懼，而做出冒險舉動一般。我們更好奇的是，這些恐怖感的散布，得以成功影響某些人的心理基礎是什麼，而以自由為名，也許只是以自由做口號或擋箭牌，我們是假設聽見訊息而被引發的恐怖感裡，有著對於疫苗的完美理想性的要求和期待。

對於不可能完美理想的疫苗，就容易被誘發出恐怖感。一如我們在臨床上可見，有人只因不是一百分的理想，就會想要傷害自己，可以想見我們常說的理想或理想化是有著複雜的多樣性。

理想化所隱含的「自我理想者」和「超我」的嚴酷

（給醫療心理相關專業人員的想法）

當我們假設有著理想性的期待，在內心深處發揮著具有暴力性質的作用時，這種說法只是一個提醒，雖然一般常是以人活著要有理想做爲重要的特質。我們要談論的現象，是理想化所具有的破壞力，這是日常生活和臨床上常見的現象，只是在解釋上，一般對於要以理想化這個美好的語詞，來形容它所帶來的破壞力時，會顯得比較猶疑，甚至排斥。

在精神分析裡，是以「超我」來說明這現象，指出理想化裡過於嚴厲而帶來的破壞力，這也常是一些家庭內暴力者，父母對於嬰孩，理想化地期待他們可以做得到什麼，而在未能符合期待下，所出現的暴力舉動。通常那些暴力舉動的背後，多少隱含著理想化的特質，例如期待只有幾個月大的嬰孩，可以聽懂父母的心聲而不要亂哭，乍聽不可思議，卻是常見的現象，那麼何以會有這種超現實的理想化期待呢？

依著後設心理學的假設是，人活著且爲了活下去，在本能上會有股力量支撐著，但外在現實畢竟是殘酷的，不可能完全順應人的需求，那麼某種潛在創傷是必然的隱隱乍現，不過從臨床經驗的回溯，和個案對治療師的移情裡，所隱含的生命早年經驗的投射，嬰孩在生命早年爲了應對那種創傷，可能對自己和他人會有某種更理想化的期待。

這個理想化的自己，佛洛伊德在發展理論的早期，以「自我的理想者」（ego-ideal）來稱呼，人在面對早年的創傷經驗時，以理想化自己和他人的傾向，來支持自己活下去，有著如同明天會更好的理想期待吧，不然誰能確定明天一定會更好呢？但在那種處境下，似乎是必要的支撐力，直到1923年《自我與原我》（The ego and the id）裡，他才正式以「超我」（superego）這個詞來定位，統整先前所談的監督者或自我理想者這些語詞，而超我不必然是一般想像的道德良心的意思，更是在描繪原始本質裡的殘酷特質，只是以理想性做爲外顯的現象。

以這些假設來看，我們在疫情下對於疫苗訊息的恐嚇式內容，除了另有特定目的而操作的訊息外，是沒必要把被恐怖感驚嚇者做出的反應，做太負面的看待，雖然並不是說就不需要提供更科學的訊息，只是在理想化的超我的嚴格期待下，目前現有疫苗的科學，不可能是完美的。因此，不是最完美就不是理想的對象下，會出現因恐懼而拒絕的現象，他們可能以另一種更理想，例如人的自由選擇，做爲理由，使得眞要好好討論，就被擋在一系列要求更完美的理想化心理下，變得困難溝通。

尤其是他們可能認爲，自由的選擇而拒絕注射疫苗時，在台灣目前疫情控制得尙好的情況下，不可能不要他們有這種選擇的自由。我們只是要說明，如果從自由的角度著手，會讓我們陷進危害他人自由的壓力裡，如果我們再多放進理想性，尤其是帶有破壞力的，來苛責自己或他人的理想性，不是只有自由和不自由的兩種選擇，而是另有其它心理機制，不自覺地影響著他們，尤其是對於喪失完美和理想性的人，竟然被小小的病毒，欺侮到這般地步的挫折。

好吧，這就是我們要說的，理想性裡的挫折，以及相關的無力感所引發的破壞力，如果因此而感染並傳染給家人朋友或陌生人，我們並不認爲知道這種潛在理想性，就可以馬上改變長期對自己和他人幾近苛刻的完美要求，不過我們做爲專業者，是希望能在這種了解下，多幾分理解對方的困局，畢竟對大部分人來說，在自己的完美和理想下，這場綁住自己的困局，心情不是三言兩語可以被了解。

日期：2021.08.03星期二

這都是憂鬱嗎？

（民眾版）

越來越多人可以接種疫苗了，中央的疫苗施打預約平台與造冊施打同步作業，大型疫苗施打站和小型定點施打的醫療場所，都同步協作起來，是中央和地方成功合作的節奏，雖然出現一些合作時的適應差池，正好從中修正一些年久失調的政策執行面。只是每個人在面對這些適應的過程，有著不同程度的情緒或行爲反應。

隱隱約約的，大家心裡有個底，距離疫苗可以完全充分供應，以供選擇和銜接兩劑的施打，檯面上有些不盡如想像，許多施打疫苗的即刻消息和安排，不免讓人開始有些緊張和失望，會不會落空或銜接不上，這背後牽涉的原因，有些並非我們可以掌控，從官方不斷釋出的訊息可以略見一二。

還好疫情暫時往緩和的方向前進了，但是國外新一波的變種病毒疫情，仍是不斷展開，能夠完整施打疫苗，並提高疫苗涵蓋率，還是必須積極運作的選項。於是處在一種，必須做但是做不到理想的懸宕中。

大家不免會開始焦慮起來，擔心失落，也引發一些煩躁，甚至是憤怒，隱含著無力感，原本期待的救援，由於無法預知而削弱等待的信心，也有一些人處之泰然的循序漸進，每個人面對實況的不同反應，個別被引發的焦慮，其實是有不同程度的表現。原本從沒有疫苗，期待可以有疫苗；現在是應該有疫苗，卻還沒有等到足夠的疫苗；有些人因爲分類條件的排序，完成了完整兩劑的疫苗了；有些人等待中，轉換了疫苗種類的選擇，完成了第一劑的施打。這些不同，會互相影響，帶動各自的心理運作。

有些人可以等待，即使有些失落和焦慮，總是穩得住，生活持續穩定的前進；有些人是無法等待，一點點的延後和失望，就會引發強烈的憤怒，打亂生活的節奏；有些人介在中間，時好時壞的表現爲不穩定的心智狀態，但總是一種耗損，顯得漸漸無精打采或無法專心。這在憂鬱或焦慮的程度上，展現出不同的面貌，在臨床上，是有些分類，一種是偏向精神官能症型，一種是偏向精神病型，這兩種專業術語並非容易由字面來理解，甚至有時會引發一些偏見，我們嘗試著中性簡約的說，其中的差別在於，臨床上是否能以「現實感」爲基礎來區別。

然而實況是，如同一道光譜的兩端，多數人的焦慮憂鬱擺盪在其中，也會隨時變動。這個「現實感」在〈疫情下理想化的多重面貌〉有一些說明。有一部分憂鬱焦慮的人，言談間透露的壓力，是來自近期生活或身旁的人，比較可以追本溯源的意識原因；有一部分焦慮憂鬱的人，其壓力源來自某些事實而衍生的預期和失落，如同在想像中的原因；也有一部分的人，在意識上找不到連結的原因，只是一種情緒的存在，是來自潛意識的原因。這些原因也會彼此混雜，令人難以捉摸。

這些不同樣貌的憂鬱焦慮，都隱含了失落，不論是對現實、對想像、或對未知。這是大家現在耳熟能詳的憂鬱症或焦慮症，所隱含複雜的多面向。甚至可以這樣說，一百位憂鬱焦慮的人，有著一百種憂鬱焦慮的版本，因此需要一個一個去好好理解和相處，雖然這樣的說法是理想化了，但也是處理的基礎與限制。

從口罩荒到疫苗荒有多「荒」？被重複挑起的憂鬱心理學

（給疫情下第一線醫護相關人員的想法）

憂鬱做爲一種疾病診斷，或一種心情表述，它在日常生活裡被使用的很寬廣。這和三十年前的精神科門診，幾乎很少病人會說自己的心情憂鬱，甚至給這個診斷時，病人可能會覺得醫師做錯了診斷。這和目前憂鬱這語詞，在日常生活裡頻繁被聽到的機會，已是相當不同的現象。

憂鬱症或焦慮症被使用的頻繁，以及不同人對於憂鬱的使用時機，可能仍有很大的不同，不過這也是我們的立場，除了明確嚴重且被精神科醫師診斷的憂鬱症，以及某些可能有著生物學因素所引發的憂鬱症之外，我們在這裡只針對輕重不同程度如光譜般的憂鬱現象，提供心理學的影響因素。我們的說法，和生物學爲基礎的論述，是並行不悖的，至少我們是相信，所有的情緒反應，都會有生物學的基礎，不過這無妨礙我們嘗試從心理學的角度，來提供我們對於憂鬱，做爲一種現象的複雜成因裡，可能有著心理因子。

何以對於憂鬱症的接受程度，以前和現在有重大的差異？何以近十幾二十年來，研究憂鬱症變成一種顯學呢？有人覺得是自殺課題被重視，而大部分自殺者有過憂鬱的診斷，我們相信這些外顯的因子，會是大家開始著重憂鬱症的原因之一。不過，我們從精神分析史的經驗，來提出一個假設，西元1896年佛洛伊德在父親過世後，感到失落傷感，甚至自述罹患當時會用的診斷「神經衰弱症」，他分析自己的夢做起點，直到1900年《夢的解析》的出版，開啟了心理學的重大篇章。

但佛洛伊德大半輩子都在歇斯底里、強迫症……等精神官能症上打轉思索，反而在心理學上和失落有關的憂鬱的探索，相對來說很薄弱，就算有一篇文章〈哀悼與憂鬱〉，但他在其它文章坦白表示，對於失落受苦是他研究較少的領域。

回頭來推想，何以如此兩個現象，一是何以整個世界對於憂鬱的著重是晚近的事，以及佛洛伊德將近四十年的精神分析探索心理學，何以相對的對憂鬱是如此少探索呢？我們的主張是，由於焦慮不安、歇斯底里……等症狀，是如此外顯且易見，容易有大家注意的眼光。而失落匱乏等感受，相對的深沉且深層，而它所以深沉且深層，可能由於失落匱乏和相關的受苦，是更難被人們接受，因而被潛抑得更深層，更難以被察覺，但這些感受並不曾消失過。

和內在深層的失落，以及和失落隱隱並存的憤怒，對於自己的失落的不滿，幾乎是任何人難以避免的。從臨床經驗來看，和深沉失落相關的受苦和憤怒情感，很難被當事者接受。這些相關的感受，在臨床上常是零散不相干的現象，我們因此假設，在疫情期間可以看得見的，何以爲了挑起一般民衆的不滿，最常見的方式是，在各種物質未完備還缺乏時，就刻意一直強調它們的重要性，例如起初的口罩課題，直到口罩充足了，就開始將焦點轉移到其它的，例如重症病房、檢疫所、檢疫旅館和疫苗……等的不足，直到疫苗經由日本、美國和其它國家捐贈和自購進來，可以施打後，馬上開始說，未來的第五輪排序後就會不夠了。

何以口罩荒或疫苗荒，缺乏或就要用罄的論調，被一直強調，而且可以發揮某種程度的影響力呢？有些人覺得是在傷口上撒鹽製造內心基礎，不過並非不能有監測者的督促，而是想要進一步澄清，是在監督？或在製造恐慌？更值得思索的是，恐慌何以容易被挑起來呢？

從我們的論點來說，涉及了廣義的憂鬱的深度心理學，和生命早年失落經驗有關，每個人都經歷各種失落後走到現在，也就是何以這種挑戰的策略會被一直運用，反正這次無效了，再找另一個未來可能會不足的東西，未來式的說它的不足，由於未來不是馬上來臨，因此可以重複說著相同的問題，意圖引起民眾的不安和憤怒，何以這是難以避免，使得這種策略一直被運用呢？

重複說未來疫苗會不足？失落和匱乏的憂鬱心理學

（給醫療心理相關專業人員的想法）

從精神醫療和心理治療的歷史來看，出現一個值得再深究的課題，何以憂鬱症是晚近才更被強調呢？除了可能相關的自我傷害的因素外，我們從精神分析的經驗來說，佛洛伊德在〈哀悼與憂鬱〉（Mourning and Melancholia, 1917）一文裡，開啟了對於憂鬱的深度心理學的假設。主要的論點是主張憂鬱和重要客體的失去有關，產生了系列的相關症狀，例如覺得自己跟著重要客體失去了，因而變得低自尊、無力感、無望感、無助感……等現象。雖然在目前有生物學的論述，不過我們主張有相關心理因子的影響，和生物學的因子並不相對立。

爲了思索，何以疫情之下，口罩荒或疫苗荒的重複被提出，而可能引發出表面的恐慌，以及潛在的憤怒不滿，何以用這些「荒」引發的缺乏、不夠或匱乏感，會帶來後續的不滿和憤怒？甚至就算有了相關的數據說明後，仍不足以讓那些匱乏感和憤怒跟著消退，何以如此呢？

就心理因子來說，對於重要客體的失去，或生命過程裡各式微細的失落所積累的失落感，甚至是潛在的憂鬱現象的存在，這些反應裡，理論上都會有著相關聯的憤怒和不滿，但不必然會被我們感受到。常是後來積累一些失落到某種狀態後，出現一些對自己或他人的不滿，以及相關的破壞力，甚至出現傷害自己或他人的潛在能量。

理論上，這些是大多數情況都會有的，只是現實上反應是複雜多樣的，因此也顯示著如前所說的，憂鬱做爲一種現象，有著如同光譜般不同表現程度，而這些不同程度的內容，可能包括著無力感、無望感、無助感、和潛在相隨的不滿能量，是這些不滿的能量發揮著傷人傷己的動力。

看來也可能，有人刻意重複在疫情下，強調可能缺乏什麼的說法，有些可能是爲了督促政府，有些聽來比較像是塑造恐慌（不過，這只是猜測的主觀感覺，但不妨礙我們進一步推論），連帶著生氣不滿和憤怒，不過實情上並不必然如我們描繪的這般清楚，因爲不少問題和感受例如憤怒感，可能是零散的，針對不同問題而衍生的感受，不是以這是憂鬱或憂鬱症，就可以如拉起一串粽子的結，拉起所有相關的感受。

如同一般說法，早年的失落創傷經驗帶來的，是如心碎般的反應，因此當年的經驗和感受是破碎零散的，我們依著理論覺得那些感受起源於相同經驗，但當事者卻常覺得不是這樣，覺得它們是來自不同的經驗，這些現象使得這些不同的感受，尤其和憤怒相關的感受，容易被操作而陷在驚恐裡。這些驚恐裡，有個潛在的因子，就是它們破碎零散，無法被看清楚。在疫情下很多涉及醫學專業的現象，如疫苗的安全性和效用……等，因爲以上的因素，使得這些潛在的情感經驗，容易被操作而激發出來。

當事者說出自己不滿的原因，卻無法隨著證據的改變而調整，可能是這些被激發出來的感受，並不只是眼前這些事件而已，而是和生命早年至今的複雜經驗有所聯結了，甚至這些驚恐，有時是當事者自己挑動起來的情感，尤其不覺得自己可能是有那些憤怒感的人，更可能會如此，因而在面對這種困局時，反而容易被外來的說法和訊息，牽引到外顯不足的事物上，這些感受常不只是目前的不足所引發，而是牽引出生命歷程裡，種種失敗、失落、和匱乏經驗的總體反應。

日期：2021.08.11星期三

你解釋的，我有自己的詮釋？以疫苗覆蓋率爲例

（民眾版）

「根據指揮中心最新統計，8月7日至8日國內COVID-19疫苗接種1萬5503人次，累計接種918萬297人次，COVID-19疫苗接種人口涵蓋率36.95%，劑次人口比39.09」。以上是根據8月8日指揮中心官方資料的整理，我們可以看到媒體訊息呈現了這段客觀數字與文字。這段文字的內容也需要更多的「解釋」，來說明其內涵的客觀和科學意義，在指揮中心每天的說明中，是已經不斷的解釋，做出較近完整的呈現。然而，我們會發現，不同的人或團體也會試著有不同角度的「詮釋」。

爲何做出這樣的區別，我們正要呈現的是，在我們內在心智的運作下，相同的訊息「解釋」，會如何呈現出截然不同的訊息「詮釋」，進而影響到聽衆的後續反應。

要「解釋」上一段引號中的文字，需要客觀鋪陳一些

實際執行的科學步驟，包括疫苗取得的進度、疫苗分配的方式和運輸的考量、宣導的實際狀況、民眾配合的方式和態度、醫學如何控制疫情的發展……等，這些資料的研究和整合和滾動式檢討，是用來解釋官方資料的客觀呈現，當然背後有科學推演的預期在運作，也有符合大多數人期待的想法在伴隨，希望疫情得到控制、社會和人民可以重新回到安全放心的生活。此時根據這些解釋，每個人心中或多或少，會開始形成對這種客觀資料的主觀判斷和詮釋，來呼應這樣的資料與所引發的情緒，是否成正比的互用共存。

第一種詮釋：「這是個值得肯定的數字，短短時間內，相關單位及全體民眾的通力合作，讓國人的疫苗施打覆蓋率，迅速攀升，提升了群體免疫力。」這段詮釋的方式，我們看到了幾個軸向——正面的肯定、迅速的速度、合作的好處、不錯的結果。看到這裡，心有同感的人，可能會充滿了信心和希望，只要努力按部就班，就可以漸漸的把不足的補齊，安全感可以與日俱增，而且自己也是參與其中進行協助者。

第二種詮釋：「看看別的國家的施打進度和疫苗覆蓋率，我們這樣的時間點已經太晚了，之前早就可以開始施打，一定有人從中作梗，讓進度仍然未達到最理想呈現，顯然有人想要放棄人民了。」這段詮釋的方式，我們可以看到幾個軸向——指責、未盡力、從中破壞、惡意拋棄。看到這裡，心有同感的人，可能會充滿了憤怒和恐懼，再如何努力，都沒有用處了，漸漸變成一種無力感，恐懼和焦慮持續攀升。

第N種詮釋：「國產疫苗即將要上架使用，此時提出這樣的數據，是不是要幫國產疫苗護航，因爲施打覆蓋率尚未完全，才有國產疫苗的空間。」這種詮釋，也可以看到幾個軸向——陰謀論、先射箭再畫靶、目標是國產疫苗、人心是自私的。看到這裡，心有同感的人，可能會充滿疑惑與憤怒，也許回想起人生過往被負面算計的經驗。

還可以有更多的詮釋，如同黑白兩端的中間光譜，端賴主觀者想連結的情緒及想法的配合，許多的連結並非可以刻意爲之，而是外在訊息和個人內在被啟動的訊號交織而成。彷彿我們得到了鋼筋、水泥來蓋房子，即使我們本來有心中的藍圖，一旦眞的開始運行，有人會蓋出樓房、有人會蓋出教堂、有人會蓋出公園、有人蓋出賭場、有人蓋出了沒有成形的建築、或甚至是轉賣了……等，與原來的藍圖不盡然相同。

於是我們就會發現，當我們聽到詮釋評論時，已經是經過訊息製造者二次的加減變化，這部分是傳遞訊息製造者內心情緒和自我需求的添加，可能會以有利或有害或無影響於社會全體或收聽者的狀態，需要進一步的澄清。

解釋和詮釋的差異，對疫情訊息接收的影響？先談解釋（explanation）

（給疫情下第一線醫護相關人員的想法）

什麼是「解釋」（explanation），簡單的說法是，說明某件事何以發生的理由，因此是有著前因後果關係的說明。例如，在疫情下，爲什麼疫苗的量無法滿足大衆的需求，如果要回答這個問題，就會被歸類在解釋事件的前因後果。這是在意識層次上，找出理由來解釋，因此有著期待是可以說得明白，在前因和後果之間，需要有現實上合乎邏輯地被了解的可能性，不然還是會被覺得解釋的不明不白。

何以有人聽了解釋後，仍是不相信或不太能接受呢？這涉及其它因素了。我們通常不會以某些潛在不自覺的理由，做爲解釋的理由，因爲被接受的機會不高，雖然有人會想要以那是潛意識的，來解釋自己的某些作爲，但可能被當做只是爲了找理由來開脫。

以科學論文裡的統計圖表爲例來說明，有時候由於理由是衆多的，但在某些特定情況下，只能挑選其中某些明顯的因子，例如，解釋那些通常是明顯且可以觀察出來的傾向，假設這是統計學圖表上一條明確的實線，清楚表現出一種傾向，然後我們以呈現的某些景象，來「解釋」可能遭遇的難題。

但統計圖表上的實線，來自於很多點的集結而構成了某種傾向，像是生活裡很多人事物的故事所構成的不同點，如果每個小點表示一個小故事，另一個小點是另一件小故事，這些整體的小點集結舖陳在圖表上，所呈現出來的走勢，類似於我們感受到，這些不同的故事反映出某種共同傾向。這個比喻是想要說明，當我們明顯感受到某種傾向，而出現「你又來了」的感受，就會傾向以為個案清楚地解釋或說明了自己的問題傾向，如同我們看著圖表上那條明確的實線。

我們卻可能忽略了，這條實線是假設出來的線，實情是由許多小點構成的圖表，這些小點的集結有某種傾向，而被畫出來成為一條實線。回到和個案工作的實情來看，每個點有著不同故事，人生是在不同的點間走來走去，對個案來說，每個小點有著不同生命故事、不同回憶和不同感受。由於治療師可能會覺得，如果要解決個案的問題，就要盡快地讓個案看見自己，這種「又來了」的傾向，想以這來解釋何以對方會那樣子？

殊不知就他來說，每個小點是不同的生命故事，需要時間，他才能從這些不同點的人生故事裡，體會到它們之間有某種傾向。因爲這種傾向是集結很多小點後，才看得出來，在治療過程的某兩三個小點之間，是難以眞的體會出這種共同傾向。畢竟這是他一路以來衆多故事的傾向，光只看兩三個小點是無法在圖表上馬上畫出這條實線。因此個案能否感受到衆多人生故事的某種傾向，有些像在統計圖表上畫出一條實線，需要足夠量的小點才能這麼做，這些衆多小點的集結，如同個案述說的故事的量。

那些或某個散置的實點，才是可以用來做爲解釋的基礎呢？當有人以「又來了」的情況，做爲顯明且重複可見的理由，來解釋自己對對方的感受，這是什麼樣的了解呢？雖然我們總是盡力要在解釋時，理由充份且合理，而且可以被理解，但由於可能有衆多因子，如統計表實線被製作出來前的無數小點，有些人可能是站在某個小點上，離這條被畫出來的實線是有些距離的。

解釋和詮釋的差異，對疫情訊息接收的影響？談談詮釋（interpretation）

（給醫療心理相關專業人員的想法）

什麼是「詮釋」（interpretation），在日常用語裡，例如某演奏家要在某表演場合，演奏古代作曲家，如巴哈的曲目時，在英語世界會說，是後世的演奏家在詮釋（interpret）巴哈的曲目，不會說成是在解釋（explain）巴哈的曲目。如果說演奏家在「解釋」巴哈的曲目，是這曲目有著一些可以被說明的內容，但一般會這樣來欣賞樂曲嗎？除了知道作曲家的某些當年背景，讓我們覺得知道了，喔，原來是這樣，所以他會創作這曲目，但後世演奏家的表演，不必然是要去說明那些，而更是想以自己特色的風格來詮釋古老作品，著重個人特色和表演目的的重新詮釋，於是我們會說，不同的演奏家，就會有不同的詮釋風格和方式。

在精神分析取向的診療室裡，「詮釋」被當成最重要的技藝，不過在精神分析發展史裡，有段時日，論文常有的題目是問著，如果個案有改變了，是因爲我們有著正確的詮釋，才造成個案的改變？但大家發現真要說個案改變的原因，不是如此單純，有太多的改變是難以知道緣由的，也就是難以解釋成，是有了對的詮釋後就會帶來個案的改變。

也許這可以部分說明，何以科學家們極力要說明，在目前疫情當下，當初在疫苗還未通過國家標準前，就得下訂單和預付一些費用了，誰能猜得準是哪種疫苗，這並非容易的事，加上此刻國際的疫情發展仍然嚴峻，國家之間搶疫苗所涉及的國際實力也清楚展現，這些都是屬於解釋說明內的相關知識。但有了這些解釋，並不保證大家就會接受，總會期待你可以更早預測，可以更早買更多，可以搶贏其它大國，這些都有著解釋之外的詮釋，有著其它不自知或自知的想法或情感，暗暗地詮釋著眼前的情況，這會讓科學式的解釋，無法發揮如預期的假設和目標。

詮釋是有著嘗試說出那些不被自覺，或被說成是潛意識的潛在動機，是較接近「猜測」，而不是較接近「說明」。例如，臨床上個案說著如統計圖裡很多點上的故事，如果以這比喻來觀察個案，我們說他們有著「負向移情」，但這明確的說法是有著如統計圖表上的實線，實情上卻不容易被明確地發現。

技術上我們所做的詮釋，如同統計學建構出一個相關性或因果性的圖示，我們看見的實線圖，其實是虛線被實體化的結果，一些「被挑選出來的事實」（selected facts），散居在圖表上構成一群一群獨立存在的樣本。這些數據群有個傾向，指向某個方向，這個被假設出來的方向，如統計學上的傾向而畫出一條實線，然後把散居實線旁的事實群落拿掉，只留下被假設出來的線條，成爲漂亮的一條線，其實它是虛線，實線是錯覺。如同我們覺得某個漂亮的詮釋，像統計圖表上的這條實線，卻是忽略那只是虛線而構成的錯覺。

我們從個案所說的話裡，有個簡單的總結，像是統計圖上原本是虛線卻被實線化的結果。那條實線只是一條穿過某陌生村落的馬路，只走在馬路是無法了解村落的實情，需要一家一家的點狀穿梭，才有更多了解的機會。因此當我們想著詮釋時，其實還有更多值得想的，首要是要先放鬆我們在形成詮釋後，假定那是實線般的了解，不然會忽略了本質上，那些詮釋就算來自豐富經驗的累積而形成的理論，當被運用在某位特定個案的某個時候，這些詮釋的了解仍只是虛線般的了解，甚至可以疑惑自問的是，這是了解嗎？

日期：2021.08.17星期二

台灣，眞這麼糟嗎？恐慌裡潛在的匱乏感與失落感

（民眾版）

每天聽完下午兩點疫情指揮中心的報告，然後有機會看看或聽聽各種政論節目的內容和媒體的訊息，常常會有一種感覺，哇，這是台灣嗎？已經不是「一」言堂了，而是「異」言堂，相信這種多元的聲音，是民主深化的成長，各種訊息的解讀和判斷，就會是大家心中的生活觀、價值觀和科學判斷了。

這也是教育普及思辨能力考驗的開始。其實多數人忙於生活打拼，不盡然可以專心深入思考，這些不同詮釋可能隱含的動機，也有不同的族群，試著在這些不同資訊中，擷取並提供二次解讀的參考，包含我們這系列的文章，也是意圖提供來自人們深層思維與感受的資訊，讓大家可以彼此切磋。

這麼多元的訊息，不盡然會讓大家覺得滿意，反而有

時更慌了，這是矛盾的事。該如何想像，有種思維是因為心中沒有定見，反而被更多的訊息給搞亂了，或甚至是被淹沒的不舒服。當然還有一些其他的可能。

疫苗「荒」讓大家「慌」了嗎？這幾天又有一批我們自購的疫苗到達台灣了，據官方統計，我們已經陸續獲得一千萬劑左右的疫苗了，這是可以讓人放心的數字嗎？延續之前的各種資訊，我們已經知道疫苗取得的可能困難，因為這不僅是商業、也是戰爭等級的物資傳遞，在運送疫苗的飛機還沒有抵達國門前，都不算是確定，於是乎疫苗一到，有些言論會瞬間轉向或消失，因為在「慌」的時候，實體物資可以部分地說服人心，接下來就沒事了？被啟動的「恐慌」，夾帶了是已經知道的物資「荒」，也有從小時候到成人時，更多各種不安全感的集結。

精神醫學談到的「恐慌」，有很清楚的定義，是一種「沒來由」的急性焦慮，除了身體伴隨著各種緊張的反應，如：呼吸急促、胸悶不適、喉嚨梗塞感、盜汗、眩暈、腸胃不適……等之外，也有一些較為特別的感覺，如：失去真實感、失去自我感、無望感、瘋狂感、失控感……等，而這個「沒來由」即意味著一種反射性的啟動，仔細探尋往往可以發現，其深層中的各種不安全感與朦朧矛盾感。

反過來，這些不安全感和矛盾感，不單會引發恐慌發作，也有可能變形成像是憂鬱症、慮病症、身體化症，或是無症狀。在精神分析的範疇中，有一些來自很早期生命的焦慮，其實是伴隨著當年危險的實際情境，只是因爲各種因素，這種記憶無法在意識中留存，而情緒是藉由身體反映的記憶留存著，其內涵常常牽涉到的是匱乏感和失落感。

其實陸續以來一些與疫情控制相關的事實，已經讓國人可以比較放心了，確診個案的減少趨勢、逐步降級的管制措施、逐漸到位的各家疫苗、逐步傳來的友邦支持……等，我們有幸走在許多國家疫情大規模爆發之後，有時間可以稍作喘息的嚴陣以待與吸取經驗。我們是世界上少數大家可以配合戴上口罩的國家，因此我們的經驗應該和其他各國有所不同。每個人是可以有機會再次回顧自己的人生經驗，這種匱乏感和失落感，其實是不會少見的。

催眠般說需要第三劑疫苗，引發的匱乏感和失落感

（給疫情下第一線醫護相關人員的想法）

延續前面文章的主題，爲什麼在指揮中心疫情記者會上，我們會持續聽到有些記者以平板重複的聲音說——有專家說需要第三劑疫苗才能抵擋變種病毒，或者重複地詢問疫苗注射後死亡的案例。有趣的是，不太困難的去想，可以大概知道，這些問題不再只是問題本身，而有著意在言外的意圖，或是容易激發讓聽者有意在言外的衍伸，結果是讓聽者覺得是處於危險且匱乏感裡。

我們先回到目前現況，來說明這個現象的心理意義。直到今天，除了美國、日本、和各國贈送的疫苗外，加上自購的疫苗共約來了一千萬劑，只是有些是屬於第二劑的注射，涵蓋率仍約占四成人口。在這個事實上，讓第一段的議題得以持續，每天在記者會上播出，聽久了大概會覺得不是問問題，而是在做催眠式的廣播般，對我們來說，由於觀察起來不全然是科學式的困惑，卻期待科學的說明來解惑，使得我們好奇這些催眠式問題本身的可能意涵。

一般來說，是認知戰或心理戰的一環，意圖削弱我們的意志，減少對疫情指揮中心的信心，甚至如果想要說些科學知識，就會被框進在幫忙政府說話，而不是監督政府把事情做好。不過，我們無意說，這個很難證實的現象以及背後的意圖，因爲要說明背後意圖時就涉及了猜測，是不容易被證實的，雖然可能覺得明明就是這樣子，偏偏這種明明就是這樣子，是很難以直接證實並讓對方認可。

但這無妨礙我們從事後觀察的反應來做一些推想，不然很難想像連第一劑都未注射到五成，就重複在說需要第三劑，在這些重複如同催眠般的問話裡，帶來的感覺是「我們的疫苗是不足的」，更加深了匱乏感。看來平凡無奇的問話，卻是可以引發深層的匱乏感，而任何人在長大過程裡，除了少數幸運者不太覺得有匱乏感，不然幾乎是每個人的人生經驗的一部分，當重複以催眠般的暗示著我們是匱乏的，帶來一般所說的疫苗「荒」，意圖引發的是恐慌的「慌」，在不同人引發不同程度的不安和焦慮。

而且會某種程度的有效，就算後來屈就於現實輪到去注射了，仍會是在覺得已經等好久了，在注射後那種匱乏感可能仍存在著，讓感謝的感覺被降低，只是你終於給我我要的，但是你怎麼那麼久才給我呢？也就是不安和焦慮是稍緩解，但潛在被激發起來的匱乏感，以及和這種感覺相連結的失落感。

這種結果可能讓原本是外加給與的疫苗的匱乏感，在內心裡轉型成是有什麼（內心深處覺得原本應該要有的或原本有的）失去了，進一步帶來的是信心的失去，一種慢慢醞酵的過程，從外在的匱乏感的催化，成爲失去什麼的失落感，我們假設這可能是在焦慮裡有著潛在憂鬱的心理過程，而目前所出現的對於疫苗的反應，似乎提供了我們基礎來觀察這個假設。

疫苗荒？從荒到慌，從匱乏到不安，從憂鬱到焦慮的層次感

（給醫療心理相關專業人員的想法）

從心理學的角度來說，匱乏感和失落感會影響情緒，有些人甚至會變得有些憂鬱，不過由於憂鬱在臨床上呈現的強度有很大落差，以及當事者是否會自覺有憂鬱，都是不同的。加上談論憂鬱時，總是同時想是否有著生理因素的影響，因此在這裡，我們不是一下子就以某個診斷來談。目前在疫苗的議題中，例如疫苗荒的被挑起，帶來的深層匱乏感和失落感，由於這些感受是人生難免的經驗，只是平時可能藉由某些成就來平衡。

不過仍值得我們先在心理架構上，先有個樣子，做爲觀察和看待目前疫情下，疫苗的全球缺乏和角力所帶來的影響，加上政治因素的助力，使得心理不自覺地被那些訊息傳播所影響，如果有人刻意操作心理學來讓人恐慌，就是認知戰和心理戰了，不過在此先不一下子做此想像，畢竟是否如此，仍不影響我們從目前的現象，做一些潛意識心理學的推想。

我們想要說明，從疫苗荒被重複如催眠般的暗示，這會是成功的。我們不預設這不會成功，而是預設這會成功影響人們的心理反應，行動上可能有著分裂現象，也就是人們可能在某些外在現實因素影響下，仍配合注射疫苗，但這種被挑起的疫苗荒，進而帶來恐慌的感受，並非就會隨著接受疫苗注射而消失。這種催眠般的運作所觸及的生命經驗，是每個人都會經歷過，有著不同程度殘留遺跡的影響，至於是否會最後從「荒」到「慌」，從匱乏感和失落感到不安的持續程度和強度，除了原本個人的經驗外，也受著外在事件，如疫情是否受到控制的相互影響。

想說的是，就算是控制好的疫情，被挑起的匱乏感和失落感，遠比我們想得到的，還影響著我們生活裡的點點滴滴。在目前這種情境下，如果有辦法做如是觀察，觀察自己的匱乏感和失落感如何被挑起，如何影響自己，它們會以何種方式起伏，其實這是了解自己的深度心理的重要時刻，雖然這麼說是有些殘忍，畢竟大都不願意由於疫情而觀察自己的深度心理學。

每個人的生命經驗不同，有可能難以承受這時刻被挑起的慌（恐慌），只想要趕緊減緩這種壓力，這是可以理解的，我們也需要有所了解，何以我們的題目強調層次感，從荒到慌，從匱乏失落到不安，甚至從憂鬱到焦慮之間，有著層次不同的強度感受。對我們的專業來說，如何在這種經驗裡觀察和想像，並嘗試讓這中間有著層次感，如光譜般，我們才能在這種情況下，仍穩定地做著精神心理專業人員的工作，而不是隨著這些荒和慌，而變成他人訊息的傳播者，加強了震幅讓一般人更驚恐。

也許有專業者，不見得認同這是我們的專業所需要，不過我們覺得如果能發揮心理穩定的社會功能，也不會是壞事。除非我們過度違反人權做著控制他人的事，不然心理學裡個體和群體之間的相輔相成，是值得考慮。如何讓人們更自由地感受，這些具有層次縱深的心理感受，因此而有創意過著人生，而不是只被恐懼和恐慌綁架，這是值得想像的事。

日期：2021.08.24星期二

口罩後的世界，看創造力這件事

（民眾版）

疫情升溫後，幾個月下來，大家不得不從習慣的生活中，轉進入一種新型態的生活模式。戴口罩、勤洗手、保持社交距離、隨時記錄足跡、收聽疫情指揮中心的報告，成了許多人的新生活常態。因應著疫情變化的各種經濟消費活動，此消彼長，同樣在醫療產業中，也啟動了不少的變化，視訊診療、遠距會議、視訊諮商……等，許多新經驗在運作，也是一種提醒，原來世界可以這樣運轉。

只是這必須先經過失落的過程，原本有的漸漸地淡出，原本沒有的，漸漸地冒出芽來，也是人類心靈適應環境變化的歷程之一。當然，會不會帶動一種徹底不回頭的轉變，沒人能確定，但確定已經產生了一些新的運作模式。

相信大家都已經習慣戴口罩了，在醫療產業，更是理所當然。當大家戴上口罩後，事情有了變化，除了實質上的阻隔飛沫和病毒的功能之外，與病毒相關的恐懼感因此減輕不少，這期間，許多會議漸漸改成線上進行了，把與病毒的距離徹底拉遠，藉由視訊網路設備，拉近人與人間的距離。一點五公尺的社交距離，除了一些特殊狀況，也許也已經不太是問題了，配合著手勢和肢體語言，口罩擋住了些面部表情，但藉此強化了其他的溝通能力，包括來自於人性的科技，加入了這場演化。有些人因此發現，原來自己的溝通模式，是如此樣貌組合，於是有了多一次認識自己的機會。

接下來會發生甚麼變化，沒有人能準確的預測，曾經是不得不的措施，在不經意當中，成爲了常態和主角。當附屬品成爲主角，人們心理的各種運作元素也將變化。原來人與人的連結，如此多元，即使我們還不太習慣。接下來，我們談一個名詞「創造力」，特別在早些文章中，我們探索了在疫情下的各種無望感、無助感、無力感、恐慌、焦慮、憂鬱、分裂……等這些負向元素後，人類心靈不會就如此投降，因爲「活」著與「連結」著是一種人生的基調。細看創造力中，不只是一種創新的元素，也包含了修復和遊戲的程序。

大家都已經看到口罩本身的多樣性了，視訊聚餐、視訊同樂會、視訊禮拜、視訊法會……等，也都一一登場，像是一個遊戲或實驗的過程，意味著，沒人知道有沒有實質的幫忙，但這一群人願意試試看，企圖找回實體聚會的感覺和經驗。在憂鬱的百樣風貌之中，有一種失落復原的過程也像是這樣，一些處在憂鬱狀態下的人們，開始進行一些旁人一時無法理解的行爲，像是一種強迫般的重複，也許沉浸在回憶中、無止境的創作或創造……等，企圖找回失去的連結或昇華失去的情感。

有趣的是，當這些創造力出現，彌補或昇華了原本習慣的運作後，有可能漸漸的這些原本運作經驗的失落，退入了歷史或被遺忘的角落，取而代之的新模式，成爲聚焦的點。有一天，會不會口罩成了必備，而人們已經忘了當初是如何戴起口罩的，當然，我們不希望這一天的到來，然而，我們的心靈確實經歷了這樣不斷的認同過程，而形成了個體創造力看起來正向且添加的面向，其實背後隱含了許多負向與失落的元素。只是，面對失落和創造，多數人是選擇看向「創造」吧。

疫情壓力如石頭，心理的花朵如何有創意開放呢？

（給疫情下第一線醫護相關人員的想法）

疫情下已經一年多了，不可否認的，我們的生活方式以及與人溝通的方式，都有了不少改變，尤其是在被病毒逼迫下所帶來的改變，會對我們的心理帶來什麼長遠的影響，仍是待觀察的，如果要來對比，畢竟從那些早年受創傷而活下來的人們所呈現出來的樣子，也是難以有著簡單的結論。

因爲任何簡單易懂的結論，也意味著忽略或盲目於它的複雜性，而讓這些被忽略的部分，暗暗地發揮著難以察覺的效應。對我們來說，就算有經驗處理這些創傷者，大致都還是只能在一陣子後才能了解，個案的作爲和症狀裡可能隱含的其它意義，這些意義大都是在被忽略的經驗中，以它們獨特方式殘存下來，並且爲了適應周遭，就像一朵被壓在石頭下的花，它盡力開花，那是它的生命驅動力，但由於受壓迫，使得花的形狀變得多種樣貌。

那些被忽略、被拋棄的生命經驗，如果它們還有殘存的生命活力，在壓迫下有著如同花在石頭下的命運，以花來比喻是新鮮的，因爲我們見過在自然下長成的花，但是人的生命經驗裡，在壓力下被壓迫的生命經驗的展現方式，可能出現在看待自己和對待他人的方式裡，也可能出現在一般的精神症狀裡，雖然已有生物醫學嘗試解釋精神科的症狀，但我們相信，如果缺乏心理學的角度，來觀察和想像這些症狀和問題的現象，仍是不足的。

以花在石頭下仍會開花來說，就人來說是人有著意志，或是人有著某種本能驅動力存在著，通常大部分人可以在外界各式壓力下長大，因此能夠生活下來的人，就算有著某些問題或症狀，都是有著創造力展現在生命過程裡了，這些創意展現出來的模樣是千百種，這也許也是我們說的，如果從生物學、心理學、和社會學的角度來看，一種米養百種人的原因之一。

如果我們說「症狀」也是創意的結果，可能會遭來白眼，甚至恨意，覺得是在說風涼話，是在病人的傷口上撒鹽？如果缺乏足夠背景說明，就冒然說，症狀也是某些創意後的結果，的確會讓人誤解，容易被誤解爲是意識的創意和創造力。不過我們要重申，除了意識上的意志力外，也有著不自覺的力量存在著，我們是假設有著不自覺的力量在引導著人如何走下去，有創意的活下去，雖然這些創意看來可能也是後來問題的原因，不過生命就是這樣一直往前走的，對我們來說不會責怪症狀，它們像年久失修的機制，雖然也曾有重要的貢獻。

以目前疫情下大家有形無形的失去來說，這是重大的失落經驗，疫情不是百分百掌握在自己手中，那麼我們如何活下去、生活下去呢？只是活著，還要生活上覺得可以過下去的感覺，這當然是難題，就算物質生活不匱乏的人，也會帶來多多少少的壓力，容易不自覺地沈陷在生命早年的失落經驗裡，如何讓這些失落的空洞顯得熱鬧，不致太孤寂而難以忍受呢？各位在前一篇〈口罩後的世界，看創造力這件事〉裡，在目前見證了我們說的在孤寂下的熱鬧和湊熱鬧的生活場景，雖然可能只是一時的場景，在多年後來看仍可能充滿了惆悵。

在無可確定的未來裡，觀察生死苦難裡的創意

（給醫療心理相關專業人員的想法）

談談在疫情下的創造力，或者大家熟知的「昇華」的說法，能讓我們看見疫情下什麼風情嗎？例如口罩被做出更多花樣，讓原本影響吸呼的事情，變成一件可以忍受的事，甚至變成走出門時，想被看見自己帶著口罩呢，可說是苦中作樂吧。但是這些創意，加上美學，是什麼樣的情況，才能出現在台灣這塊土地上呢？這不是容易的事，就算有著「昇華」這個概念，我們也建議不要這麼快就滿足於，以這兩個字就要來代表這些複雜的心理過程。在困難且涉及生死邊緣的事，這個現象值得更多的描繪，不論是用科學術語，或者軟性的述說眼前正發生的故事，有一群人在台灣這塊土地上，正以難能可貴的方式，替生死大事做著讓文明會感到震撼的景象。

不是要以這來掩飾疫情下的驚恐和不安，甚至可能帶來後續的失落和匱乏感，這是無法被忽略的，也正因無法忽略這些困局，讓我們同時觀察困局下，我們在這島嶼

上的人們，是如何共同面對情況，不只是滿足有口罩就好了，而是要有更能代表心聲的圖像和色彩，這可以是未來藝術家探索的美學素材，對我們來說則是深深好奇著，疫情下的自律，有著多重的風貌，並讓自律不再只是重複守著畏懼，是在帶上口罩的自律裡，宣示著某種不一樣的心情。

或只是一般常說的，因爲怕死嗎？生和死的交纏和複雜，不是以生死兩字就可以說清楚的，這兩字代表著寬廣的涵義，使得好像說了什麼完整的結論，卻常只是片斷而需要深入的說法，我們如何從其中發現，創造力這件事，是如何集體地被展現呢？就算有著如精神分析家比昂所說的，混亂撕裂的情緒以認知戰的方式以疫苗做戰場，處處想要挑起我們的恐懼和匱乏感，然後意志崩解讓病毒來吞噬我們，但我們仍自律的過著節制生活。雖然有人會說，這讓人和人之間疏遠了，也是實情，但在這個實情上，大部分人是在自律節制的基礎上，在口罩和其它生活裡，出現如〈口罩後的世界，看創造力這件事〉描繪的景況。

我們在這裡雖僅是描繪它，或有著讚頌的氛圍，這是我們不想只看見驚恐和不安，我們知道還有很多創造力，出現在疫情嚴峻的過程裡，如果缺乏那些細微創造力的累積，是無法有那些現象的。我們需要時間觀察和想像這是怎麼回事，而還不願意只用現有的術語，以便宜行事的方式來描繪我們正在經驗的苦難，因爲我們正在集體經驗的這個苦難，不會是一帆風順，不會以後就沒事了，仍有著目前難以預測的心理風險，並以目前難以了解的風貌出現。

但是，這不會影響我們也看見，在受苦於生死的重大事件下，我們的創意讓我們正在建構著共同體的經驗，有著潛在的想像在流動著，讓這個想像的共同體，在未來會因此而落實成某種集體經驗的共同體，我們也不知會是什麼，但它正在發生著，我們做爲專業人員面對精神分析家所說的「無可確定」的未來時，需要有著觀察，保持著持續的觀察，先不急著做判斷，不急著以目前現有的術語來套用，就以爲是了解了。

日期：2021.08.31星期二

疫情下，集體歇斯底里適合被用來說明某些群體反應？

（民眾版）

最近有時會在醫療現場聽到這樣的話，「我很怕打針，所以不敢打疫苗，沒關係，我自己幾乎足不出戶，會勤洗手戴口罩，沒有關係，不會造成別人的困擾」，這樣的內容，透露著一種訊息，自己會把自己照顧好，不會造成別人或群體的困擾，同時也會自己保護自己。在強調個人自主的民主時代氛圍中，是相當合理的邏輯思維，我不犯人，人不犯我，只是病毒無孔不入的詭譎，我們也會合理的擔心，「萬一⋯⋯」。

在嚴峻疫情之下，個人自主的自由民主，不得不面臨了一種兩難，特別在恐懼的氛圍下，這樣的思維底層，值得我們思索幾種可能的影響，在這裡想要延伸的是，一個人對群體的想像。比方說，一個人因為害怕而不想接種疫苗，會不會影響其他有類似害怕的人，也不想接種疫苗；

會不會引發過去曾接種疫苗卻不好經驗的人，反而給予了同理並支持；引發想要接種的人的負向臆測或反對或同情；讓一些尚無法決定是否接種者，一種選擇的依據……等。

換言之，總是有些影響，而且隨著恐懼程度的加強，影響其實是會加劇的。只是這裡無意要判斷分類好壞，而是想探究這個必然會發生的現象的裡裡外外。

另一方面，在醫療現場的許多醫療同業，不斷的直接或間接的提醒大家，要記得去接種疫苗，提醒方式其實很多元化的，但其目的很專一，希望提升疫苗的施打率，來提高「群體的免疫力」。所謂群體免疫力的提升，其中有一個要點，就是希望藉由群體中的個體對傳染病獲得抵抗力的比例越高，將可以使其他比較沒有抵抗力的個體，可以藉此受到保護而減少被傳染的機會。也藉此讓彼此接觸的可能性降低許多，於是疫情的感染鏈就容易被切斷，終結傳播，進而達到群體免疫。

我們可以清楚看到，在群體免疫的運作中，明確的隱含了照顧弱者或易感染者的精神。這是個人心理學比較少著墨的方向，是群體心智的運作，牽涉到的動力與個人不盡然完全相同。可以看成是在群體運作中的利他思維，即使最後也是造福個人，但是還是有可能有些個人會因此而犧牲。

如果往更原始的方向思考，這是爲了維護種族延續的必要條件之一，某種程度的暗示是，當個人利益和群體利益並列在眼前時，群體存活利益是站於比較優先的考慮，如果能夠兼顧個人利益是最完美了，當然有時是無法的。如果用生物學的比喻來說，就像是單細胞生物和多細胞生物的比較，多細胞生物的各個細胞是彼此合作互助，甚至是犧牲，好讓組合成的個體可以繼續運作。

然而，在國產疫苗施打後，陸續傳出尙在收集與釐清，那些與死亡是否因果相關的訊息，疫苗施打報到率因此下降的現象，有一種過去稱爲集體歇斯底里的樣貌。這是一種團體類別的樣態，其特色是在此群體中，有強烈的情感連結彼此，經常是恐懼，因此群體成員失去了獨立性和主動性，每個人都被群體思維的某些態度所支配，心理活動退行到早期生命階段。

在這種狀態下，個人的私人情感衝動和智力活動弱化而無法自己產生力量，並且完全依賴於團體其他成員中以類似方式重複傳遞而得到加強。這有時可能用來解釋，何以在學校學生集體施打疫苗時，卻有一群人因此發生虛弱、無力感的症狀，卻查無生理學的原因。然而，當這樣的名詞被冠上後，問題隨之而來，似乎問題出在這些有症狀的人，但是仔細端詳不難發現，恐懼如何而來才是問題的根源所在。

歇斯底里症，在現代精神醫學已經不是一個正式的名詞了。取而代之的，比較接近的是轉化症，其意涵是無法在情感層次解套的矛盾，透過「潛抑」的機制進到潛意識，然後經由身體的症狀表徵回到現實的一種症狀。也就是，情感的矛盾，以身體的症狀來呈現，但當事人無法連結情感和身體的互動性。這常常意味著有嚴厲的超我在運作，因此無法身心一致的釋放或調整，而這嚴峻的疫情，算是一種嚴厲的挑戰，也激起了嚴厲的震盪。

集體歇斯底里是汙名化？或是好名稱描繪某種群眾反應？

（給疫情下第一線醫護相關人員的想法）

可能有些人最近會感受得到，或意會到，對於國產疫苗的攻擊，好像是心知肚明另有目的。只是這些都是不會被明白承認的用意，就如同飄浮在空中的答案，就算有人指明了，也不會被承認的。意在言外，就是每天常上演的戲碼。有可能不上演這種戲碼嗎？我們覺得不容易，只是我們得替這種不容易的感覺，找出一些還可以幫助想像的說法，尤其是關於潛在心理學的說法。

就在這種難以言明，但似乎另有所圖，想要摧毀國產的疫苗，就算在國際競爭下，需要有自己可以掌握的重要物資，仍無法平息這些攻擊，也就更顯示出，不全是這些現實意義的邏輯了。我們從這些現象的觀察，能夠說些什麼呢？可以聽到有人以「集體歇斯底里」來描述，群眾對於某疫苗有著處心積慮的懷疑，但有另一批人極力要護持某種疫苗，因此集體歇斯底里的說法就會跑出來串場，那麼這個語詞會被用在那一批人上頭呢？是處心積慮要毀掉自己資產的人，或極力要維護這資產者呢？

以集體歇斯底里來描繪這些現象，是增加我們對於這些現象的了解，或只是增加我們的盲目，以一個語詞擋在我們眼前，當回到前述的疑問，是誰要被冠上集體歇斯底里這個診斷呢？這個診斷還是有效的診斷，可以告訴我們原本不知道的心意嗎？可以讓我們想得更多，進而有機會找出方法，讓那些難以言明的心意，變成可以溝通的話語嗎？

或只是變成誰先使用集體歇斯底里在他人頭上，就先說先贏了嗎？但贏了什麼呢？就這樣，這個疾病診斷被用來診斷社會病，因此衍生了是否貼標籤的課題。

對於前述現象的描述，也顯示了我們的困局，我們並不是說下診斷是對或錯，而是任何診斷有著想要幫人看清些什麼，尤其在診療室的發現，如果能用於社會政治，對於人的文明可以有幫助，我們需要拒絕它嗎？只是從目前觀察的現象來看，如果「集體歇斯底里」這個來自精神分析，但在精神醫學幾乎被半踢出門外的「歇斯底里」，變成日常用語了，卻是用來表達貶抑的語詞，這是一個心理學語彙的必然命運嗎？

因爲即使對社會現象下了這個診斷，可能仍難以改變什麼，難以增加兩極端的思考，無法做爲一個觀念的平台來對話。雖然在台灣史裡，有醫師以要幫社會做診斷，幫助台灣不再陷在陳年舊痾或沉痾宿疾裡，以疾病的角度來看待社會問題的脈絡。將診療室裡使用的歇斯底里，冠在社會集體出現的現象時，如果這個社會診斷難行得通的話，在想出解決之道前，也許需要先對這個現象再有更深一層的觀察和想像。

也就是，如果集體歇斯底里的說法，無法再承擔著讓人看清楚，無法達成一起來思索，到底是怎麼回事的功能時，就很難更深入思考重要的國家資產，爲何卻被另一些人極力要破壞，這些人仍會想持續住在這個島嶼上？我們的觀察是，他們傾向想要好好在這塊土地上，享受能夠享受的日子，但是何以會有前述的現象呢？下文〈表面的歇斯底里情緒裡，隱藏著更深層二分撕裂的你死我活〉會是思考的方向。

表面情緒裡，隱藏著更深層二分撕裂的你死我活

（給醫療心理相關專業人員的想法）

關於對於疫苗的反應，尤其是有某些傳說的副作用，或有不見得是因果相關的注射疫苗後的死亡，當這些訊息被散開時，常會引起大衆對於疫苗的某些集體反應，如果這些集體反應呈現著不合科學和現實，就可能被冠上集體歇斯底里的名稱。這種說法幫助我們更看清楚現象，或目前這個語詞，其實是一個汙名化的標籤嗎？不過，重點還在於歇斯底里或集體歇斯底里，它們還能夠有效描繪這些現象，有著更深思考的可能性嗎？不然，就只是下個診斷而已。

從精神分析理論和臨床經驗所累積的論點，我們是覺得，歇斯底里，這個以「精神官能症層次」作爲貼近現象的說法，是不足以說明前述激烈情緒反應，以及混雜著兩軍對壘的氣氛。如果只就表面針對某一方，冠上集體歇斯底里的說法，可能反而遮掩了有著兩軍潛在對峙的意味。這種具有二分兩極化的現象，反而不是歇斯底里（精神官

能症）的特色，而是臨床上常見的邊緣型者的主要特色，具有大好大壞、黑白善惡分明、缺乏中間地帶的現象。

疫苗下的緊張、興奮與不安，像是看著好戲的心情，有著不論如何反正先幹起架來才是更重要的事，尤其疫苗是這麼關鍵，是國際間極力爭奪的寶物，可能更增加這種矛盾的現象，加上這是高度專業，很困難一次說明白的故事，就更有讓人興奮的空間，只要一有小道消息或是某些重要人物的話語，如果是挑起疑問和懸疑的片斷故事，就會更吸引人，更讓人興奮，想要再看好戲的心情，雖然這種看好戲的心情，大致很難被接受，因此也仍保有著科學好奇般的態度。

不過面對這種寶物爭奪戰，能夠如此冷靜的看好戲或觀察，也是重大的文明成就，雖然疫苗是生死大事的關鍵，卻可能是看好戲的戰場。何以以焦慮外顯出來的症狀，像是某種興奮感的現象，蓋過大家在危險裡且明知危險性高的情況，讓想要以拒絕疫苗做爲冒險方式來嘗試的心情，是可能出現的呢？

面對這些二分撕裂的現象時，依著目前的理論來說，這些潛在的心理，不再只是精神官能症層次，如歇斯底里的說法，而是更接近具有原始特質的「精神病」般的反應，和以前常聽到有人以對方是精神分裂的說法，來汙名對方，是更貼近的說法。在理論上，較接近這些二分撕裂的描繪，是我們以「分裂機制」（splitting）來說明這種二分撕裂，雖然這不是等同於精神分裂症，而是意味著這些衝突裡，有著更原始的分裂機制在運作，不再只是一般所說的歇斯底里的情緒反應而已（只是我們避免以「精神分裂」來做爲抨擊他人的說詞）。

這眞的是令人納悶的現象，由於有人會不高興，這種可能會危害他人的舉動和說法，會產生另一種恐懼感，因而對於這種冒險者會顯得不滿，因此變成兩軍對立，加上不可忽略台灣在地緣政治長期的二分，就更助長這種心情，不論是站在冒險而興奮，或生氣而不滿者之間的紛爭和爭執，就更激烈化。雖然有可能會出現，拒絕疫苗者可能也早就不滿，何以不早些有更多疫苗，而不是目前不足的情況下需要分配的情況，這的確是讓人很挫折的事情，好像顯示的是準備的不夠充分，雖然有訊息，也顯示疫苗是國際政治下的角力物資，台灣畢竟仍是小國，因此有先天的困境？

這種訊息不見得能夠讓不滿消退，因爲在國際上做「細漢」（台語發音）的實情，就是讓人不舒服，不滿的心情。只是這種心情，很容易讓人在真正的背後原因上，忘了它的存在，因爲是太大的問題了，一般人只會感到更無力感，就會不自覺地把挫折全推給政府。對於民主政治來說，這是有趣且困難的課題，如果進一步想像的話，我們會想到的還有其它，要跳脫這種無力感，會不會需要有什麼人、什麼政府是更有力的想像。

尤其是政府愈出來說國際的角力，雖是必要也需要的聲明，也可能讓心中的挫折感和無奈感，更加濃厚了起來，更覺得不滿，爲什麼如此不爭氣，但這時候會找到什麼來展現對於不爭氣的事呢？長期存在這種不爭氣的感受，但它一直在找尋舞台來說出來，這也是必要的吧。

不然，如果找不到舞台或事件來說出這種感受，那麼就會不知道往那裡去，相對的這種不知往那裡去的感受，會更可怕，更讓自己感到驚恐，寧願把無力感發揮在眼前可見的事物上，也許對於疫苗的矛盾，是一種可能性吧。尤其是如果能有選擇，可能會更想要使用這種選擇權，包括選擇不注射做爲展現自己有力的某種方式。

日期：2021.09.07星期二

用力的守護，卻引發用力的反擊，談談投射認同

（民眾版）

在醫療臨床的現場，有一種少數特殊的互動場景，是這樣出現的，當醫護人員建議應該施打疫苗或戴上口罩，以避免被感染而產生重症或生命殞落，並可以因此提升群體疫苗的接種覆蓋率時，聽到建議的人，卻因此勃然大怒，指責著醫護人員，個人擁有的自由，不能被主導和侵犯。而當醫療端因此拒絕執行醫療業務時，卻被指責沒有醫德，或罔顧人權。

是善意的建議，何以招致惡性的回應，眞的是善意和惡意的對壘嗎？有不只一種的可能解讀，也都各有站得住腳的理由，我們並非要著眼於，可以想得到的意識層次的思辯，這是另外一門重要的領域，溝通與協調。

我們試著往非語言意識的層次深入，也不盡然一定適用，但可以提供另一種來自精神分析的視野和說法，作

爲一種參考。類比來說，現代社會中，憂鬱症的盛行率逐步攀升，一直有這樣的說法，不要輕易對這樣的病患喊加油，因爲反而加重憂鬱症病患的心理負擔，甚至是少數覺得被攻擊，喊加油的人被指責不夠了解同理生病的人。這樣的攻擊，該如何來想像，一位已經如此脆弱的病患，何以還有力氣來表達攻擊。

如果只停留在攻擊是錯事，是解決不了事情，也許我們可以試著站在脆弱這邊的立場來進行思考，這種攻擊也許意味著面對壓力的最後一擊，因爲當人在脆弱狀態時，所有的外來干預，不論好壞，都可能相對沉重，甚至有可能就此一蹶不振了。

當表現的形式是一種求生的攻擊時，助人者可能因此受傷，因此反射性的防衛回擊也自然不會意外，如此惡性循環，非雙方本意，卻也無法被阻斷。此時的雙方，實則都很難站在對方的立場想，因爲可能連發生了甚麼事都不知道，即使如此不容易做到的理解，雙方也多會在當下誤以爲雙方都知道而是故意的。如果有幸的，雙方都能理解了，並不意謂著接下來就皆大歡喜，天下太平，因爲這樣的互動可能正在啟動每個人深層的焦慮感，而可能需要試著開始探索自己。

可以試著從一個心理學常見的名詞來談，「投射認同」，大意是，我潛意識裡不想要的元素，我意識上並不知道，但是當在對方身上發現時，然後我就被我這個不想要的元素給報復對待了。白話文的舉例是，我潛意識裡很害怕被人控制欺負，於是我在想要接近我的人們身上，感受到任何想要控制我的狀況時，就覺得被欺負了，即使對方表面是好意，底下也一定有些陰謀，於是我就以攻擊來防衛，對方以爲我在攻擊而非防衛，所以也就回擊了，如此惡性循環。因爲是潛意識的害怕，當事人的意識渾然不知，於是產生了這樣的效應，無法被同理，因而醞釀出表面的雙方衝突。

我們很簡略的提出這個觀點，並不表示我們就可以解決這樣的衝突了，這是很困難達成互相理解的過程。相反過來，當醫療人員即使知道可能有這樣的心理狀態，也很難拿捏出一種適當的態度來應對，因爲醫療是一種緊急的狀態，如同疫情一樣，即使在專業的心理從業人員運作的場合中，也不容易偵測到如此的分歧，更何況是現場。

於是，本著職責提供醫療照護的專業人員，也就只能盡力溝通協調了，同時在必要時避免自己受到無謂的指責。如果大家可以有此了解，知道雙方都非惡意，只是尚無法對焦到彼此可以合作的頻道時，需要更多的等待和互動，才有可能慢慢解套這一個關乎彼此的困境。

爲何自己的害怕自己不知道，而是藏在潛意識裡呢？說來話長，不過可以這樣概述，潛意識有一個功能是藏著我們不想接受的元素，相信很少人願意認爲自己是弱者，就算是已經在疾病的狀態，我們都會提醒自己和病人，要勇敢面對疾病，像是一種口號般的鼓勵。然而，疾病本身的狀態，是一種脆弱和不完整，也是一種無力感，甚至是無望感和無助感，而我們的心裡會運作出仍然可以努力些甚麼的力量，只是這樣的力量往往隱藏了恐懼和焦慮，不能被發現，不然就更難有勇氣應對接下來的受苦之路。

滾動式調整，被接受或難被接受的心理學：略談投射認同

（給疫情下第一線醫護相關人員的想法）

滾動式的調整，這是在疫情指揮中心記者會上常聽到的，意味著依據著不斷變動的科學數據，來做出決定。另也會說，最強制的限制可能會疲乏，最後反而無法做得到，使得決定只是帶來反擊和不滿，這是有關文明及其不滿的議題了，這是科學式觀察和人生經驗的累積，涉及了政策和人心的細緻連動的相互影響。如果從精神分析取向的心理學來想像，滾動式的調整在連結到心理學裡或人和人之間的課題時，需要有更細的概念來說明，而「投射認同」的概念是其一。

我們會知道自己在做某些決定，發某些脾氣，說某些想法時，是在示強或示弱呢？但是所謂示強或示弱，是不會被明說出來的，但在日常互動或在診療室與病房工作時，常會遭遇到的處境，做爲第一線的工作人員，可能遇著不可思議或莫名其妙的個案的態度，如果太超過，是需要保護自己，這不在話下。

在這裡想要嘗試說明，看似不可思議或莫名其妙的態度，除了個案內在心理世界外，也可能我們會如同一面平滑或平順的鏡子般，反射個案丟給我們的感受，讓對方覺得我們怎麼那樣子，由於是不自覺的過程，因此當事者會覺得，怎麼會這樣，覺得自己被誤解（我們在幾篇之後會系列談論這種誤解的更深細的心理流程）。

進一步閱讀本文前，我們需要說明的是，潛意識世界裡，有著不自覺的互動和心理流動，如果願意，是需要被探索才會慢慢了解，不過請不要誤解那是對或錯的命題，也不是以這些潛意識的說明做為掩護，不論是責怪自己或者掩護自己，都不是我們說明這些的目的。

我們是想要讓大家認識到，在意識的想法交流外，如果常遇到莫名其妙或不可思議的事情，意味著我們可能需要往潛意識的方向來觀察和思索。但這些都是猜測和想像，不要硬把對潛意識的猜測，當做就是這樣子，反而不是增加了解變得容易溝通，而會變得更加相互攻擊。如果不是往意識外的其它可能來觀察和想像推論，可能被淹沒在一堆莫名其妙的感覺裡，覺得寸步難行的拘束感和不滿。

先提出一個重要的精神分析概念，關於「投射認同」

（projective identification），這是精神分析家克萊因（Melanie Klein）嘗試想像和描繪嬰孩在生命前幾個月曾發生的心理發展史，尤其是深度心理學的嬰孩心理史。大致是由臨床跡象加上想像而推論出來，有人說這太主觀，不夠客觀，對這項工作的客觀期待是值得觀察的，不過畢竟精神分析已在人類的文明史裡，打造了對於主觀想像的深度心理學的歷史遺產，我們需要觀察心理學在客觀方面的進展，並保持動態的對話，但精神分析有自己的心理學脈絡仍活潑進展中。

「投射認同」，這個概念對於精神分析理論和實作有著深遠影響，是想要說明人出生後是如何認識外在世界和自己，說明其中所隱含的心理機制和過程。就好像牛頓說出了「地心引力」，讓蘋果掉下來的理論，這些心理機制是如同地心引力的比喻般，是存在的，但是需要我們尋找語彙來指認它們，雖然心理學和物理學有著不同的本質，但都有著要去說明和指認那些五官無法直接觸及的因子。

投射認同是兩個心理機制的巧妙結合，一是投射，另一是認同。原本是以個體爲中心的投射出去或去認同他人，但是結合成投射認同後，就有著投射後觀察對方反應，再加以認同而吞下去那些觀察經驗，修改或加強原本的經驗，不再只是個體的內在心理學，而是加進了客體關係的內在互動心理學了。這也是何以我們會說，某些莫名其妙或不可思議的現象，有時也會滲有我們的細微反應。

只是希望讀者，先不要誤解爲這是在責怪工作人員，這是幾乎無法避免的情況，不論我們是否去觀察它們，但當我們開始注意這些現象，加以觀察、假設及推論，先放自己心中久些，會慢慢發現自己看人的方式，會有所不同或微調，這才會達成人和人之間，或自己的內在心理有所謂滾動式調整的可能性。

不滿和痛苦翻攪裡，心理的投射認同有多深沉呢？

（給醫療心理相關專業人員的想法）

人是如何認識他人和自己，特別是要認識自己，尤其在重大壓力，例如疫情下，通常是比較難些。如果經歷早年心理創傷，常是對於自己是什麼，對自己的存在是存疑的，使得眞的要認識自己不是那麼容易，使得有時堅持自己是怎樣的人，但和周遭者的觀察可能相反，或是除了那之外還有其它的。

滾動式的調整，是在疫情指揮中心記者會上常聽到的，如前說過依據不斷變動的科學數據來做出決定，而最強度的限制，可能會疲乏，最後反而無法做得到，而使得決定只是帶來反擊和不滿，使得決定的嚴格要有多嚴，會帶來不同的落差，大家會說是認知的落差，這只是一部分實情，通常也有很個人的心理因素在決定著，只是那是很個人式的，在一般公開場合的直接揭露，可能會變成某種侵犯或攻擊。本文先以投射認同（projective identification）的角度來提供一些想法。

是眼前的疫情，但它所翻攪起來的情緒不會只是疫情本身，會牽扯到每個人從出生至今累積的生生死死經驗。理論上，嬰兒剛出生後，開始和母親互動，生死之戰就開始了，克萊因（M. Klein）將母嬰之間的互動，集中在嘴巴和乳房之間的交流。她承繼了佛洛伊德的死亡本能的概念，並將死亡本能定義爲破壞本能，她的理論在於嬰孩於破壞本能指導下，如何主動地開展客體關係，當嘴巴無法從乳房及時獲得溫飽時，就會將乳房當做是壞乳房。如果能夠及時的溫飽，那是好乳房，她主張嬰孩無法承受，好乳房竟也有壞的成分，因此在分裂機制的作用下，好乳房和壞乳房被當做不同的客體。

由於有潛在不自覺的主觀想像壞乳房的存在，使得嬰孩會擔心被這壞乳房迫害，因而出現了猜疑的妄想（paranoid）心理狀態，各位也許可以從疫苗注射的不確定感，以及等待注射疫苗的複雜心理狀態，體會到前述溫飽的比喻所連動的情緒和影響。依克萊因的論點，主要是由內攝（introjection）、投射認同、和分裂機制（splitting）等共同運作後的結果。

以下的論點雖有生物基因的觀點，但不妨礙我們嘗試從潛在心理學來想像和推論，但請讀者勿將這些理論當做就一定是這樣，我們只是嘗試提供一些想法做想像的起點，因爲妄想的出現，爲了避免進一步受到迫害，而將自己隔絕起來，也就是「類分裂」（schizoid）的意思，意指有些像精神分裂般，和其他客體隔絕起來，但不全然如此隔絕，因而採用了「類分裂」的說法。目前的美國精神醫學診斷條例的第二軸裡，也有類分裂人格的診斷，是接近這裡所說的現象。

克萊因描繪「妄想—類分裂形勢」（Paranoid-Schizoid Position）的概念，促成了她的學生們，例如Bion, H. Segal, H. Rosenfeld等人，對精神病患者的分析，相對於精神分析以精神官能症個案爲主，而加深了比昂所說的，對人格裡的精神病部分的了解和想像。這裡所說的精神病部分是指一般人都有的，預設人有著非精神病（non-psychotic）的部分和帶有精神病的部分，不是指精神分裂症或思覺失調症，是指某些內在世界的經驗和感受，不符合現實原則的存在，但這是人性裡都有的部分，而日常生活是「精神病部分」和「非精神病部分」互動妥協整合後的成果。

對於各種古老「原始」（或稱是精神病層次）的防衛，就臨床經驗來說，是我們了解和體會個案在防衛之後的苦痛入口，如同分析夢是走向潛意識的皇家大道，不是把夢趕走就好了，因此也不是把防衛弄掉弄垮了，就可以走向潛意識。以現在的想法來說，也許需要將各式防衛機制，當做如同在建設新工事的過程挖到的古蹟，以這般態度，來對待和處理個案的古老防衛。那是需要先被研究和想像的古蹟，不是被一心一意以爲只是阻抗，是需要馬上被堆平的東西。

臨床實務可見的是，指出了阻抗不必然帶來開放和自由，而是很快再有新的阻抗再現。如果個案的內在世界仍覺得有需要，或仍難以忍受那些無以名之的苦痛（或不少個案常說的「莫名的痛苦」），不是我們要鼓勵、持續、防衛和阻抗，雖然有了相關的理論知識，但面對每個個案時，我們是需要保持著，如對待古蹟般的態度來處理防衛，如同分析夢的材料般來解析和聯想，才能開展走往潛意識的大道。

接下來我們會進一步談論，內攝、投射認同和分裂機制的一些比喻，來增進大家進一步的了解。

日期：2021.09.14星期二

跟著偶像打疫苗，應該沒問題吧？

（民眾版）

「我的朋友們都打某某廠牌的疫苗，我也想等，只是現在好像很難等到。」處在集體焦慮的狀態下，許多人的疫苗政策是，跟著自己覺得重要的人打同一個廠牌的疫苗，彷彿獲得了一種信心，比較可以安然度過疫苗施打後的適應期，或獲得比較好的效果。「我一定不要打某某廠牌的疫苗，因爲我的朋友們都說沒有信心。」這也是一種個人的疫苗政策，不想和自己不認同的人打一樣的疫苗，彷彿這會影響疫苗的效果。

當然還有更多立場，現在舉這兩個例子，是想要說明，何以在科學數據的背書下，有些人還是傾向從自己重視的人所施打的疫苗，作爲自己的疫苗政策。提出這樣的觀察，並非要說這是不適合的選擇方式，只是想要說明潛意識可能運作的一種可能脈絡。

從小到大，我們都在練習做自己，只是對自己的選擇還缺乏信心的情境下，我們總是需要一個心中的典範，來增加自己的信心，沒有意外的話，父母親就是扮演這樣的角色。小時候我們都有一個階段，模仿，當然也有多層次的意義。這裡要描繪的情境，是在危急生命安全時，我們還來不及或還沒有能力做出科學判斷時，我們會如群體一同避難的一分子，跟著大家做相同的事，一起喜歡，一起討厭，一起躲藏，或一起反抗，當然對群體領導者的認同是很重要的關鍵。延續上一篇有關投射認同的概念，我們提取一種「內攝」的機制，這是有關認同的一個概念。

認同的過程，像是一塊一塊拼圖拼起來的過程，每一次的認同，都意味著有一部分的外來元素，被內攝進入成爲自己的一部分，然後許多的一部分（部分客體）組織整合起來，成爲一個人的身分（identity），也不會只有這些組成的部分，有些我們內生性的區塊會夾雜於其中，一起組合，這過程是一輩子都在反覆進行。擁有了相對完整的身分後，我們所說的整體感（完整客體）和自信會油然而生。

反推回去，還在拼湊的過程時，都會有相對存在的焦慮和危機感，是內生的不穩定感，怕無法整合起來的破碎感，督促著我們去依附到一個可以給予安全感的客體身上，或是逃離那些製造出恐怖感的客體象徵。

各國疫苗的陸續出產，常可以見到各國領導人公開接種自己國家的疫苗，而自己國家沒有生產疫苗的領導人，就會接受自己國家認同的其它國家的疫苗，這包含多重層次的象徵意義，而其中的一個影響力，就關乎民衆如何把這樣的象徵舉動，與自己的內在深層認同過程做出連結。國家領導人因爲是多數民衆認同的形象人物，自然所能引發的影響力是大的，因此其言行舉止就相當重要，而每個人心目中也有自己的偶像，也就有如上所述的效應，來影響自己的行爲政策。科學當然也是一個很重要的領導方向，甚至希望是放諸四海皆準的原則，也有人只依循科學原則卽可自行判斷。只是眼前的疫情緊急，各種可以影響疫苗注射的方式，都會是重要的環節。

投射認同：推想疫情壓力下影響決定的原始因子

（給疫情下第一線醫護相關人員的想法）

一般是覺得我們在認識他人，能夠依著所言所行來做出判斷。不過，如果仔細觀察，尤其是心理治療的臨床經驗發現，某些決定，尤其是涉及無法百分百清楚認識的事件下，要做決定，如果會帶來焦慮的後果時，做決定的基礎可能反而更是，原始未明的心智發揮著作用。然而在外顯時，好像會有一些科學或現實因子，做爲支持自己的理由。

在疫情重大壓力下，我們如何認識自己，如何決策一些重大決定呢？例如，如何決定注射何種疫苗呢？尤其是疫苗的相關知識如此複雜，都帶有不足和缺陷，沒有百分百有用，也沒有百分百無副作用的，如何在零散的訊息裡做決定，似乎是日常的常情。從精神分析的角度來說，涉及人如何認識自己和認識世界，在原始的破碎經驗裡，尋求出路的內在心理經驗。我們先簡化地以投射認同（projective identification）做爲說明的基礎，爲了讓讀者了解什麼是投射認同，我們系列地以一些比喻來說明。

有種想像是，如果這些被投射出去的心理碎片，是如同瓶瓶罐罐被打破〔例如比昂在〈連結的攻擊〉（Attack of linking）裡描繪死亡本能的破壞概念〕，碎片散置各處，然後所謂的「整合」（integration）是指什麼呢？是否如同考古學家，一般想像的挖掘出早年的殘片，然後試著把它們組裝起來，是所謂的整合嗎？這種比喻的假設是，當年被投射出去的內容，是如同瓶瓶罐罐的殘片，是硬質的，頂多只是上面長出了青苔或被泥土沾黏，只要把外表弄乾淨就是當年的模樣了，然後一片一片組裝起來。

不過，我們需要從臨床經驗來想像，這種比喻是如同個案的心理內容嗎？那些當年被投射出去的碎片，是不會改變的嗎？依然維持著當年的原樣嗎？雖然臨床上常覺得，個案的某些問題重複性很高，像是硬塊一般的重複，也許這個考古學般的比喻，有它的部分意義和價值，但這種模式下，我們拿手的技藝，詮釋或「聯結」（linking）的技能是指什麼呢？

這可能需要「內攝」（introjection）的概念，來幫忙說明它運作的細節。內攝曾被譯做「內射」，相對的，佛洛伊德並未如克萊因（Klein）強調內攝的心理工作，內攝的概念是有著替投射認同概念，舖出一條走得通的路。嬰孩如何認識外在環境，包括母親？內攝的概念指出認識的方式，是如同阿米巴整個吞進外在環境，在自己身上形成一個泡狀的存在。

就心理學來說，整個內攝的假設，是假設對於重要客體的認識，例如對母親的認識，是整體的，不過對嬰兒來說，什麼是「整體」呢？或僅是「部分客體」，例如乳房就是整個世界？這種部分客體的論點，也會隨著大家的經驗而有不同想像，仍是待發展的課題。

精神分析的早期先鋒之一，費倫齊（Sandor Ferenczi），在《對精神分析貢獻的首本書》（E. Jones translated "First Contributions to Psycho-Analysis", 1952）的第二章「內攝與移情」（Introjection and Transference，發表於1909年）裡提到，第一個「客體一愛」（object-love）和第一個「客體一恨」（object-hate），是最原始的移情，它們是嬰孩未來所有內攝作用的根基。他指出佛洛伊德在《日常生活的精神病理學》裡，說服我們主張一般人也有投射的能力，佛洛伊德認爲文明人調整自我（ego）去適應世界時，他的哲學觀或宗教觀，大部分是投射自己的情感和衝動的結果。費倫齊主張，除了投射，內攝也是人們看待世界的重要基礎。

投射認同：爲何在疫情下相互溝通容易走往壞的心思？

（給醫療心理相關專業人員的想法）

從嬰孩期起，我們會經歷什麼事，被嬰孩體會成失落的苦，仍是一個謎題。但我們可以從後來的臨床經驗發現，愈早年的創傷經驗，愈如同碎片般的經驗，可能是記憶的侷限，也可能加上受苦的經驗，被防衛地踢出心思裡，以免自己被這些心思佔滿，而難以走出下一步。

對於這種可能的處境，克萊因和比昂等提出了有價值的說法，幫助我們更深入思考這些經驗。首先我們先來說明，這些心思如何在自己和他人之間流動，進而影響著和他人的關係，尤其是目前疫情下的相互溝通，是如此不容易，可能有那些潛在因子的隱隱作用，以下是部分論點供參考。

當克萊因（Klein）形容嬰孩因爲投射認同（projective identification）的緣故，會把自己壞的部分往外投射到其它客體上，例如母親，如果客體無法承受這些投射，就會直接回應給嬰孩，等於是把投射出來的東西，再原封不動的丟回給小孩，造成母嬰之間互動的困局。克萊因的學生，比昂（Bion），從臨床經驗發現，會投射出去的不只是壞的部分，也會把好的部分投射出去。比昂的說法擴大了嬰孩會投射的內容，帶來了什麼效應呢？

依克萊因的原始想法，投射認同，只是丟出壞的部分，是在反映著她強調的，死亡本能或破壞本能的攻擊性，但比昂的微調後，既然好的部分也會投射至客體，表示除了原本的攻擊破壞的成分外，也有要溝通的意味，如同溫尼科特（Winnicott）形容，青少年的非行行爲也有溝通，要傳達某種希望的意涵。

後來比昂又形容，這些發生在原始心智狀態下（或是「前語言狀態」的preconception狀態）的投射，如同心理碎片般的投射，如何想像這種碎片的比喻？我們試著提出一些想像，做爲進一步思索的內容。談論其它想法前，我們主張這個議題值得深入探索，因爲它是在面對如佛洛伊德在〈克制、症狀和焦慮〉（Inhibitions, Symptoms and Anxiety, 1926）的附錄裡，提出的他尚未深入研究的主題「焦慮、苦痛和哀悼」，關於失落的苦痛。

以及比昂所說的，最原初的精神心智的苦痛

（psychic pain）做爲精神分析的重要視野。如果性的本能和死亡本能是早就存在的能量，我們接下來要談論的是，人承受苦痛後，性的本能和死亡本能會如何動態的互動，而帶來佛洛伊德在晚年的文章，〈有止盡與無止盡的分析〉（Analysis Terminable and Interminable, 1937）裡提到的，生命的璀璨是由於生的本能和死亡本能相互交織的結果。

這不是一句容易理解，更不是容易體會的說法，需要花很多的語言來接近，這些很理想又美麗的說詞，卻有著最原始難解的起初，有些想像呈現接收了投射後的碎片所產生的認同方式，這些想像可以說，是我們認同後所後續產生的意象。

日期：2021.09.21星期二

各種疫苗的族群，怎麼會這樣？
（民眾版）

隨著疫苗的覆蓋率越來越高，疫苗種類的越來越多，人們之間輕鬆一點時，會有機會看到這樣的時尚話題，比方說：我是AZ咖喔、我是高端咖喔、我是……咖喔。想到最初疫苗短缺，疫情嚴重的時候，有疫苗注射就是萬般幸運的事了，並不會聽到這樣的自我定位。也許這可以從在高度焦慮下，疫苗如同保命仙丹的象徵參與談起，如同生死般的組合，可能也醞釀出一種彼此認同的過程，就會有認同後命運的發展。並非意謂著好壞的立場，而是透過這樣可能的理解，讓彼此之間後來的不同，維持著某種善意的起源基礎。

在台灣，從越來越多坊間流傳的心理學叢書中，不難發現有越來越多元的思考論點進入到我們周遭，有些分類因此漸漸出現，比方說：憂鬱症族群、亞斯族群、高敏感族群、跨性別族群……等，這些正式或非正式的分類，讓每個族群有了可以標定自己特質的空間論述，也有機會讓不同的人藉此了解其中的差異，換言之，一種主體性的感覺因此被建立，或可稱爲某種同溫層吧！或許這和人類的發展有關，這種群體性，是自然存在於人類之中，當然一定有其有利於生存的意義存在。

不盡然每種族群的建立，都是因爲同病相憐的基礎；有些可能是因爲希望在短時間內達成目標，因此需要尋找同質性高的對象合作；有些可能因爲孤單的不利，自然希望有同伴，即使彼此間有不同的差異，但是更想處理孤單的恐懼或失落，而成爲同一族群。這種族群的緊密程度，取決於族群受到外界威脅的強度，也就是威脅越強，族群的緊密度越高，當然如果威脅太強，也會讓族群崩潰而重新進入游離尋找的階段。

在意識層次和意識型態的文明性上，我們假設是，沒有人一開始是希望和別人不同的，因爲同樣面臨的是來自於現實的挑戰，可能的階級、排序，以及後續產生的有限資源分配的多寡。殊不知，重點是資源的缺乏，而爲此必須族群化作爲爭奪或防衛的互動，以爭取足夠的資源挹注。

理想總是理想，在資源有限的情況下，勢必會產生分配的議題。只是如英國小兒科醫師，也是精神分析家的溫尼科特（Winnicott）的觀察，嬰孩是先在不是我（not-me）的體驗裡，有個不是自己的外物，才慢慢經驗到「我」是誰？因此要和他人有異，可能是深層的個人心理，雖也從這些現象裡看得到，不論外顯的說詞是什麼，大都仍有著需要同伴、同溫層和同志……等，群體性的人性需求。除了外顯的資源和現實事項分配的主題外，這些現象讓個體和群體之間，維持著某些很細緻也複雜的心理現象。

生死交關的想像，投射認同的心理碎片如孤島

（給疫情下第一線醫護相關人員的想法）

不論人性裡如何著重「個體性」，必然同時有著「群體性」的需求，如同精神分析家比昂（Bion）所描繪，生命早年那些無以名之的恐怖，就算是目前正常的人，也是有過那些經驗，才走到目前。不論求同或求異，對個體的追尋或尋找共同體，這些都構成了人性，接下來我們再以其它比喻，談這些複雜的人性經驗。

如果嬰孩的早年經驗，如同難以被理解被消化，而被排泄、被投射出去的心理碎片，就像具有生命力的東西被丟進茫茫大海裡，從潛意識存在的角度來想像，這些被排除、被排斥的經驗，可能仍會不斷的吸收環境裡的材料，而逐漸變成孤獨的衆多小島。

這些小島如同佛洛伊德描繪的「記憶屏障」（screen memory）的後頭，有著自己後續發展的人性生態，和當初帶出來的零散記憶，如同移民它處的第一代經驗和記憶，由於生的本能的驅動，這些剩餘的東西慢慢

地從創傷四散裡恢復，並且出現了生機，讓每個小島都發展出自己的生態故事，以及新的記憶經驗。

臨床上個案在早年創傷經驗後，人生路上和同事、朋友及上司等常發生問題，我們可以發現其中有些硬梗是重複的，也可以發現他和不同人之間，也會出現不同的故事細節，和不同的有趣和悲苦程度。可以觀察到，當事者有著要孤立自己，同時有著要尋找同溫者的傾向。那麼，以這個模式來思索技術的課題，我們要做什麼呢？

例如，「整合」是要整合什麼，如何整合？詮釋呢？或者聯結呢？這些經驗如何再回頭有助於我們思索，前篇〈各種疫苗的族群，怎會這樣？〉所呈現的，有著求同也有求異的複雜心理呢？

如同喜歡獨特性的孤島同時想著如果旁邊有個知心者這樣的複雜心理了。就理論來說，個體心理學和群體心理學間的複雜心理機制，我們認爲只做自己是個簡化的想法，但由於過度簡化，可能反而成爲難行的路。如果在個體和群體之間，了解有了群體，個體會有什麼需要克制的呢？這種克制如何不變成當年流離失所被投射出去的經驗呢？

疫情下破碎的投射認同，以四散的家族移民來比喻

（給醫療心理相關專業人員的想法）

在原始競爭涉及生命大事的情況裡，如等待疫情是否趨緩時的心情，除了一般常說的涉及了每個人，既是孤島也在群體裡，也如同台灣在爭取疫苗的過程裡在這孤島周遭，有著世界政治裡生死交關的生態。

不同的孤獨島嶼，已經發展出自己的生態，有了後來自己的故事和歷史，就算它們曾合在一起，例如當年飢荒使得愛爾蘭人四處移民。多年後，到了此時此地要說以前的故事時，會滲雜後來的「移情」和「此刻此地」的經驗，也就是有著「事後」（après-coup）的概念所描繪的，後來的經驗會影響如何說當初的故事。我們此時此地的心理經驗，可以說都歷經了風霜，接下來的後疫情時代，我們會如何回想和談論，和疫苗有關的經驗？

以這個模式來思索臨床技術，例如，整合（intergration）、詮釋（interpretation）、同理（empathy）、聯結（linking）或建構

（construction），如何想像整合呢？在不同島嶼之間的整合，是指要做什麼，整合後是什麼模樣呢？詮釋歷史如何影響目前島嶼的現況，是會有一些了解，但它的功能和侷限是什麼呢？同理是指同理什麼呢？對於各自成長發展的不同島嶼，可能早就遺忘了當年的故事，或只記得當年的片斷故事，我們能夠或需要的同理是什麼呢？關於聯結呢？在不同島嶼之間做聯結，就像搭橋可以讓外來的人們觀察，並串連起它們曾有的故事，或透過聯結各個島嶼後，讓人們來觀察欣賞，並重新建構島嶼之間的歷史和未來？

想像當初由於失落創傷，匱乏的碎片投射四散，如同遭受饑荒吃不飽後，家族成員分散移民至不同地方各自發展。這種如碎片般的外移，是開枝散葉的家人在新的地方，依著當地特有的環境開始發展，過著新的人生，也有新的後代，隨著時間的成長，這些散居各地的人有了自己新開展的家。也許久之後，這些散居各地的人們和後代，有些會述說當初的歷史，有些則絕口不提當年的創傷經驗，只講究此刻和未來好好過日子，不希望再挨餓受凍。

有些遭遇其它的不幸，斷絕了音訊不再存在了，人世間可能遇到的情境，都有可能出現在這些四散移民的家庭。有些家的後代成就昌旺，有些暗淡過著平庸日子，過一天算一天。當我們後來說要整合整個家族，這是什麼意思呢？這需要什麼詮釋？或這些散居各地的家族，需要重新建構回憶離鄉前的經驗，以及四散落地再生根後的遭遇。這些都構成了整個家族史的整體記憶，但做這些是爲了什麼呢？

試想一下，我們在診療室裡，面對個案早年創傷失落後，走到今天的經驗時，他和周遭不同人事物發生的關係，像是不同家族的故事，某些重疊發生的部分，常被覺得是個案的核心問題。不過，除了我們容易看到的核心課題外，周遭被當做枝枝節節的故事，卻可能是這個新家族的某些特色，因此如果在進行聯結，要四散家族整合或立宗親會，除了起源自相同的祖先外，後來的不同特色被看見和被注意，也是重要的？

畢竟四散後，早就依著後來的居地，發展出不同的生存發展策略和生活態度了。我們在進行整合或詮釋的過程時，常是傾向以歸納法和削去法，所謂的「去蕪存菁」般的手法，做出某種詮釋，例如伊底帕斯情結，有著在複雜的人世間看清某種傾向，只是也容易被誤解爲，這就是看透人生了。好像人生是一條清晰的伊底帕斯河所構成，旁邊都被當做是雜草，是要被祛除的「蕪」，只想留下被去蕪後的「菁」。這種結果讓個人的特色不見了，忽略了人們在尋找共通處，做為互動親切的起點外，也有著要有特色做自己的動機。

日期：2021.09.28星期二

尚未接種者，要如何挑疫苗？

（民眾版）

疫苗的覆蓋率已經不斷地攀升，這是令大家放心的趨勢，而尚未施打疫苗者，有不少前面施打過疫苗者的經驗分享，斟酌如何選擇疫苗種類了。雖然，仍是希望有甚麼疫苗就打甚麼疫苗，避開禁忌症的部分，應該就比較不用擔心，但人心不是如此單純運作，即使疫苗實際數量仍不甚足夠，但沒如先前緊迫的感覺，而且疫苗族群已經隱然成形時，狀況就變得不太一樣了。

眼前的疫苗選擇已經不是先前的混沌不明，我們的心裡會有哪些可能的運作呢？甚至在考量可能需要混打的需求時，會有更多的族群分類接續出現。

牽涉的是選擇的過程，從已經知道的種種線索中，撿選自己模模糊糊或清晰可見的輪廓中所需要的材料，重新構成符合自己當下需要的結果，這當下的需要，隱含了想像和現實、過去和未來的種種元素。心中漸漸浮現出比較明確的選擇，但需要一些外來元素的加持或肯定或塑型，一方面滿足自己的需要，同時也避開選擇的過程中無法承擔的衝突。就像在尋找一個靠山的過程，來強化自己選擇的信心與方向。

只是這樣的選擇過程，不難發現，不知不覺夾帶了一些情感面的需求，感覺快樂或避免痛苦，於是可以運作的理性思維，也會添加這些情感的向度，就不總是那麼偏向理性，或可以被理性所說服。並非要強調理性比較優秀，或感性比較不科學，是要讓我們在思考應對這些選擇的過程中，多一些了解，看看在這多元組合中，其實大家心中有不同的比重，而這不同並不盡然皆是惡意。雖然有時一些尚無法馬上說清楚的誤解，會引發情緒的衝突與糾結。

用比較強烈的說法來比擬，當我們看到一見鍾情的對象，總會把所有的相關元素，轉變成對關係有利的選擇來使用。而當我們痛恨一個人，所有原本用來讚美的元素，可能會全然變成批評的重點。雖然一般總是希望或相信，做選擇時是依著意識上衡量過的來判斷，至於為何會一見鍾情或痛恨，也是潛意識元素的集合運作，只是發生在不知不覺一霎那，在還沒有完全理解之前，通常會因為未知而產生衝突和矛盾。

回到過去，是去蕪存菁挑選事實嗎？
（給疫情下第一線醫護相關人員的想法）

挑選疫苗，是替目前和未來的安全做出選擇，但這些未來的選擇，和部分地選擇過去，兩者的經驗有什麼值得想像的嗎？尤其是當我們覺得不解，一般人做出目前重要選擇的複雜心情，我們是如何撿選過去的部分記憶，來認定目前是什麼景象，再由這些不自覺的撿選，決定眼前重要事項，尤其是生死交關的事項。

這些比喻是，我們接收了來自他人或自己的心聲投射後，所產生的認同方式，我們會自覺或不自覺地依循著這些想像，做爲了解對方的基礎並加以詮釋。有些想像只是其中的可能性，每個人面對不同個案的故事，接收了投射後，會有多重想像的可能性。只是我們是否意識地描繪它們，也許描繪一個可能性後，會有另一種再出現，來補充或取代前一個比喻。這也是我們了解他人時的動態過程吧。

如前所提，對於投射的碎片被接收後的認同模式，不再只是要回歸過去，或以爲找出當年模樣就是了解的終點了。以爲找到了當年饑荒的證據和記憶，然後故事就結束了，這不合實情，人都會再走下去，不會只是依著過去，也會依著未來的想像而走下去。雖然過去、現在和未來，三者是分不開的三角，三者是一直處於動態式的互動。

過去會影響對於未來的想像，因爲環境的不同，會影響對於過去的想像和解讀，而現在的重要客體，例如治療師的存在，也會影響著個案對於過去和未來的想像，因爲過去和未來並非固態不變。

需要以這些概念，做爲我們前述想像的基礎，讓想像維持著動態式的，滾動式的，隨著接收了各式碎片後，展現出各式認同。必須說明的是，這些圖像的形成，是個案投射衆多碎片裡的某些內容，而建構出來的圖像，是如比昂所說，透過某些「被挑選的事實」（selected facts）做爲基礎，進而建構出的圖像。

一般是不太容易接受，自己認識眼前危險情境時，只是依著某些片面的選擇，在心中認爲發生了什麼事，但這種挑選的過程，大都是潛意識運作的結果，雖然有人可能相信某種想法或概念，例如伊底帕斯情結，然後意識上只聽個案說相關的材料，其它被當做是無關這情結的碎片，被當做是「蕪」，需要被去蕪以存菁，來清楚看見自己想看見的。

我們可以說「被挑選的事實」的過程，是去蕪存菁的潛意識工作方式，在實務上很難完全沒運作「被挑選的事實」的方式，我們需要知道這種情形，才不會過於相信自己是中立態度。因此不同的想像比喻，就是不同的「被挑選的事實」所打造建構出來的。

莫名的痛苦：分裂機制裡找出兩種對立的名稱

（給醫療心理相關專業人員的想法）

延續先前的主題，面對重大生死交關的事時，做選擇時的多元裡，有什麼潛在的心理默默地工作，把我們推向某方向，而理由只是事後補充的說明。此時需要再回到心理碎片形成的起點，何以會出現如比昂所說的，心理碎片的四散投射呢？這是由於心智承受了苦痛，起源於出生後無所不在的失落，是難以消化和思考的經驗，比昂稱之爲「無法命名的恐懼」或「無以名之的恐懼」（nameless terror）。嬰孩在面對這些難以處理的經驗時。自我（ego）會如何應對呢？

佛洛伊德在1938年〈在防衛過程裡，自我的分裂機制〉（Splitting of the Ego in the Process of Defense），提出「分裂機制」的概念理論。分裂機制被當做很原始的防衛機制，是自我爲了保護作用而發展出來的防衛方式，將經驗簡約爲好壞、愛恨或對錯等二分。克萊因後來充份運用分裂機制，來說明生命早年的困局下，分裂機制運作後，將壞的部分投射出去，而留下好的部分，是嬰孩活下去的重要防衛方式。

不過克萊因的學生比昂（Bion），則主張投射出去的，不只是壞的部分，也會將好的部分投射出去。甚至並非只是好壞、對錯或愛恨等各自兩大片，而是零散的心理碎片，這種假設是以診療室實作的經驗為基礎，臨床常見的是對於愛和恨的內容，個案不見得是一致的，是零散任意的，或和他人的定義也不見得一樣，而讓人有複雜難解的感覺。

臨床上常出現的，對他人和自己是大好大壞或全好全壞，而且會好壞相互變化，對某客體和自己有時全好，有時全壞，讓治療師和個案互動是處於謹慎的狀態，容易動輒得咎的感覺。這些都是反應著，破碎的投射讓他人難以預測。由於分裂機制的存在，是為了處理那些無法名之的恐怖感，因此臨床上並不是指出這些防衛，或者拆解這些防衛，就可以解決個案的問題。因為拆解後，將面對更令人恐懼的無以名之，讓愛恨、好壞或善惡的糾纏變得劇烈。

日期：2021.10.05星期二

爲什麼不隔離就好了？

（民眾版）

常見鼓勵心情不好的人的話，在很難過的時候，「把話說出來就會好多了」。大多數時候，是滿有效的，是累積很久的能量，需要找個地方釋放，心理的重量就減輕許多，也是因爲有人共同乘載的效應。然而，我們也常聽到一些回饋說，說出來了，但也無濟於事，反而讓自己陷入更矛盾的困擾，甚至感到恐懼或憤怒，這是什麼狀態？日前的社會事件，我們也會陷入同樣的矛盾，何以苦於精神疾患的病人，理應好好接受治療，卻無法如此簡單的進行標準運作，接受者難，執行者也難，是需要思考這件事並認眞琢磨。

疫情期間，我們也都會遇到類似的議題，只是換了主題。照理說，大家都怕病毒感染，「戴上口罩就放心了，打了疫苗就會避免重症了，保持社交距離也比較安全，有風險的隔離一陣子就好了」，這可能是多數人同意的實況。然而，是會遇到一些族群，當給予如此的建議，反而遭到強力的回擊，引發更多的憤怒，甚至是攻擊的行爲出現。

於是我們開始想理解是怎麼一回事，基於社會安全的考量者，可能進行一些處置來避免更極端的風險。多一些深入的思考和理解，有助於我們在面對這樣的情境時，可以多一些準備和相關的緩衝，讓彼此的可能傷害降到最低。一個看似合理的建議，何以會招致背後的衝突與憤怒？

概念上可以有一種可能的思考方向。當我們給予善意安全的提醒或分擔，反而遭受到惡意的回擊，有沒有可能回擊的一方，潛藏了更多我們尚無法理解的恨意或恐懼，因此在無法有相對等的安全提供，平衡如此感受時，於是任何的接近，會先被惡意解讀，善意在此時必須先被停擺，爲的是怕自己被更嚴重的背叛或傷害。

曾經受過心理創傷的人，常會有如此的感受，理性上知道別人是善意，可是自己卻想躲得遠遠的，明明知道哪裡是安全的，卻被自已另解讀爲潛藏危機，讓提供善意的一方也不明究裡的陷入心理的矛盾。可能的原因是，創傷過後，脆弱或破碎心理引領一切，不會輕易撤守最後一道可以自己掌握的防線，那怕只是萬分之一的機率，也相信幸運之神不會如此降臨，努力不代表就會成功，而已經脆弱的自己，已經沒有心理空間承受一點點再破碎的風險。

這種強力的防衛，有時就變成別人眼中強力的攻擊和憤怒了。並非代表誰必須保護誰，而是雙方必須另闢安全的防火牆，重新慢慢地彼此接近，尋求合作的新步調。

當疫情來的迅速，多數時候，還沒有想清楚的民衆，就先跟著指揮中心的建議走，而一旦慢慢靜下來，疫情漸趨平緩，我們會重新有些餘力來整理這些思緒和感受。因爲焦慮度降低後，大家的心理空間會多出一部分來做整理。這是一個値得細究的議題，不只是字面上的疑惑，而是更深層的經驗反思，當然，這並不是一件容易的事，且需要花費一些時日。

忍了很久了是什麼意思呢？把惡夢趕走就好了？

（給疫情下第一線醫護相關人員的想法）

從個體在生命早年的創傷經驗來說，由於常是太恐怖的經驗，很難說清楚那是什麼經驗。那些經驗仍繼續存在著，隨著時間的變化，經驗是被留下了，卻脫離了原本的情境。尤其是那些自覺得受委屈、受傷害的經驗，常常不再是以受委屈或受傷害的想法被記得，而是浮現在後來和其它人事物的互動情境裡，附身在後來記憶清晰的某些人事物上，和更早期的記憶形成一種斷裂。

這種斷裂的記憶，可能是使用分裂機制（splitting）的防衛而帶來的結果，而後來會出現的問題，常是意識上覺得自己忍了很久的人事物，直到此刻才暴發出來，這是臨床上常見的，以自己忍很久了，來說明或理解目前生氣爆發的理由。如果是生活裡常見的情況，我們大致上不會認定，他的問題就只在於他說的，那些讓他生氣而忍下來的事，而是有著更早的經驗，只是這些早年經驗被淡忘了。

相對於被列爲原始的或精神病式的「分裂機制」來說，精神官能症的常用防衛機制是「潛抑」（repression）或「合理化」（reaction formation）等機制。潛抑機制是指，依循著享樂原則，避開那些受苦的經驗，這些防衛的特色是，個案自覺壓抑，感覺自己在忍耐承受一些有形無形的煎熬，而且理由相對較符合現實感，容易被錯覺地以爲，只要不再壓抑就好了。會形成簡化式的：說出來就好了、離開就好了、報復回去就好了……等等做法，卻在行動後發現問題依然存在而更感挫折，更加深對於眼前人事物的不滿。

另外，潛意識式的壓抑和克制，很容易被誤解爲意識的壓抑，變成處理策略會過於簡化，以爲只要不壓抑後，說出失聲已久的話就會改善問題，並主張這樣才是眞正的做自己。理論上是如此，只是臨床的複雜讓實情不必然是這樣，留下了更多需要思考的空間，理由之一是，人從小長大，早年的分裂機制所引發的碎片效應，不可能完全消失，仍夾雜在目前的症狀和問題裡，使得問題不只是潛抑機制所帶來。

對於各種古老的防衛，就臨床經驗來說，是我們了解和體會個案苦痛的入口，如同分析夢是走向潛意識的皇家大道，不是把夢趕走就好了，也不是把防衛弄掉弄垮了，就可以走向潛意識裡。以現在的想法來說，也許需要將各式防衛機制的發現，當做如同在建設新工事的過程，挖到了古蹟，以這般態度，來對待和處理個案的古老防衛。那是需要先被研究和想像的古蹟，不是被一心一意以爲那只是阻抗，是需要馬上被推平被丟棄的老東西。

臨床實務可見的是，指出了阻抗並不必然帶來開放和自由，而是很快有新的阻抗再現。如果個案的內在世界仍覺得有需要，或仍難以忍受那些無以名之的苦痛（或不少個案常說的「莫名的痛苦」），我們不是要鼓勵持續防衛和阻抗，而是雖然有了相關的理論知識，但面對每個個案時，我們是需要保持著，如對待古蹟般的態度來處理防衛，如同分析夢的材料般來解析，才能開展走往潛意識的大道。

爲什麼不說清楚就好了？無法命名的恐怖感

（給醫療心理相關專業人員的想法）

如果此刻的受苦，重複出現在日常生活裡很多地方，通常我們不會認爲這只是一時性的問題，而是有著生命早年以來創傷後的反應，至今仍以它多重變形的樣貌，出現在後來的人生裡。從外人來看很容易看得見，問題是在重複，只是當事者可能不會如此想，而是把問題歸罪於眼前的某些人事物。

我們假設這種重複性，可能源於生命早年的創傷經驗，只是這種結果並不是以清晰可見的「當年如何，所以現在如何」的明白方式出現，而是經歷拐彎曲折的路途。

只是愈曲折的生命經驗，在後來出現新問題時，常是更容易浮現，「不就這樣就好了」。這種「這樣就好了」的論調，可能就這樣重複出現，如果遇到這種情節，大致上可以說的是，「這樣就好了」的解決方式，常不必然就解決原本問題，可能反而因爲過於簡化，而帶來其它的問題。

前述比喻所描述的景象，是原始的心理碎片四散投射的結果，只是臨床上要做這些想像並不容易。雖然後來可以找得到某些情境來說明是怎麼回事，不過如果是更原始重複的問題，可能是起源於更早年的創傷經驗時，因爲無法命名的恐怖太難以被忍受消化，因此啟動分裂機制的運作，讓自己不用接觸到這些原始的心理碎片。分裂機制以二分法的方式，以好壞、善惡和愛恨的二分方式，投射在客體上，臨床上常見的是，個案以愛恨好壞的二分矛盾，對待重要客體和自己，變成生活的焦慮來源，以矛盾的方式來呈現這種二分法。

在這種情況下，就會容易浮現，「那就這樣就好」的解決方案，然而這種簡便的方法，卻常會帶來後續其它問題，只是由於這些後續問題，可能是不同類型不同情境，容易讓人誤解爲它們之間沒有關連性。

這些問題不論愛或恨，都是能量的激發，都是某種興奮的來源，可能是個案在難以承受無以名之的恐怖時，讓自己覺得有能量的激發方式。這是何以會持續矛盾的緣由，面對失落的空洞，和無以名之的恐懼，人們會讓自己找到問題是來自什麼事件，好像它們是有名有姓的愛和恨，這樣才有可以努力的方向，也是活下去的重要力量。

如果這些努力，只是在遮掩深沉無以名之的恐懼時，如果不漸有自覺，就可能會變得以爲，做了預想的改變，預期可以改善了，而當問題再重複出現，就會更挫折。雖然意識上不想如此，或意識上是出現，只要我不再這樣就好了的簡便答案。但是重複出現卻說不清楚的人事物，常是無法命名的恐怖感，是流浪者忘了自己的名字，而當事者可能也忘了它們的存在。

它們卻常出現在日常情境裡，以兩極化的身份交替出現，讓自己無法弄清楚自己是屬於那種情緒的擁有者，例如在某些個案和客體的互動裡，愛恨以鮮明的方式交替出現，就會構成一般所說邊緣型人格的模樣，和他人互動是激烈的，兩極化的愛恨、好壞或善惡。有些人則是有更多的潛抑作用，愛恨好壞的外顯時，不是那麼直接激烈，顯得較克制，和一般所說的較接近精神官能症。不過臨床上，邊緣型和精神官能症之間，兩者是被當做不同層面，或有可能曲折如同光譜的兩端，有寬廣眾多的外顯樣貌，或更是兩者共時存在著。

日期：2021.10.12星期二

我想通了一些事

（民眾版）

最近疫苗的供應和施打，漸漸地追上了群體安全的需求，在過去眾多雜亂的聲音中，國產疫苗順利進入國際的視野，逐漸被一些國家和國際組織以科學方式接受中，雖然結果會如何，仍然是進行式，就像許多原本尚未進到標準要求的學生，並非質地不好，只是尚未接受檢視，卻嘗盡了現實目光的人情冷暖，只能靠著一步一腳印，默默完成了基礎的穩定後，開始水到渠成的展現累積的實力和動能，並得到了一定的肯定和接納。疫情之下，許多在各個崗位善盡職責的職人，即使被人酸言酸語，卻一直秉持的態度與腳步。很快的，這些酸言酸語轉向了，朝向下一個目標攻擊而去。

當我們的目光被侷限在一個頻道時，我們很容易以為那就是全部了，也因此而安身立命了一陣子，這是大家從小的經驗了。因為心力的侷限，只能專注在眼前的人事物，因此有了一些認同的發生。然而，我們進到學校去，開始接受到比較多元性的訊息，開始受訓啟動多元的思路，順利的話，越來越多細緻的學問和人際關係的經驗會進入我們的世界，更進一步的準備和社會生活接軌。

社會的多元，反映了人的多元，也反映了不斷變化的人際互動。只是，這總是一種理想。在多元之中，不免有些是對立的，甚至是敵對的聲音，或明或暗的使用各種方式，在阻止多元的連結與成長。就像是製造一種恐怖感，讓對外的探索受到明顯阻撓，甚至製造出一種背叛感。

在這理想演化的過程中，不免參雜一些不理想的經驗，或我們把這些不理想稱為挫折和創傷，有時也會讓我們的心裡分裂開，或粉碎在強大的權威控制之下。因此我們不得不在停滯的地方，待上好一陣子，算是一種療傷吧。療甚麼傷呢？一種情感上的斷裂，以錯愕、驚嚇、恐懼的感覺呈現，等待著被緩和、調整、消化，並吸收成為生命的歷程。只是這樣的歷程，並不總是可以自己突破，而從外力來的協助，常常變成不可缺少的必要元素。

疫情之初的疫苗供應狀態，大家看到檯面上的消息，因為無法消彌大家的恐懼，因而各種陰謀論、亡國論、黑箱論……充斥在各種訊息之中，因爲是對生命保障的重要資源，不足夠的話，是會引發許多生死等級的議論和衝突，因爲如此危險，想像空間是瓦解的，或是暫停的，只能目視著硬梆梆的數字和日期，毫無想像空間的處在一種極度飢餓之中，唯有具體的食物，才能解除生命威脅的警報。此時所塡充進來的各種消息，變成容易操弄人心的工具，就像餓昏了頭，就飢不擇食的求生，漸漸不慌張後，才有機會回頭看，兵荒馬亂中到底吃進了甚麼食物。

當漸漸的有足夠的疫苗時，已經有一些安全感了，我們於是可以出現一些心理空間，退一步來觀察周遭的各種信息，能夠再進一步整合出一種概況，也就是當疫苗漸漸夠了，大家只要耐心等待，就會等到，原來之前的擔心和焦慮，變成是一種多餘的存在了，然而就算是重來一次，這歷程還是可能會重複出現。但是因爲有了這樣的經驗，即使有人還企圖操弄這個實況，藉由資訊的傳播與透明，加上大家的判斷素養的成熟，這種操弄就變成了「見光死」的宿命。

雖然果眞要想通了，常常不是如預期的結果，不過這會是一般人和相關專業職人，在技藝上探索如何達成這種結果的過程，接下來我們先介紹四項心理技

藝：整合（integration）、聯結（linking）、詮釋
（interpretation）和建構（construction）。

我們的職人技藝：創傷破碎心理經驗的整合（integration）

（給疫情下第一線醫護相關人員的想法）

任何的安全感需求，加上理想性的期待後，常是變成了困局的起點，何以如此呢？這些心理的需求，都是重要的心理健康的基礎。由於發展過程裡，有著如佛洛伊德提到的各式原始本能的需求，以及後來克萊因、比昂、溫尼科特……等，進入那些原始的心理領域，如比昂所說的無以命名的恐怖（nameless terror）的處境下，嬰孩爲了活著和活下去，所創造出來的防衛，都是很原始的經驗，因此常是如破碎的生命經驗。在這些心理碎片般的經驗下，我們長大後仍然期待的安全感，以及爲了活下去而引發的理想性，都帶有這些生命早年掙扎的深刻痕跡，或是如一般所說的，具有生毛帶角的特性。

這也是我們覺得，安全感和理想性這些想法，是如此自然，但如果是由破碎經驗出發，卻不易相互整合，因爲更高更原始理想的心理需求，就註定相當困難得到，而那些經驗常是碎片式的某些感受的變化和需求，不是一般想像的安全感和理想性的心理需求，不是一套完整清晰的內容。它們是碎片式的心理經驗，是從小以部分特質或「部分客體」式的，看待自己和父母所累積出來的心理世界。

面對如疫情，這種生死相關的重大壓力下，理想性和安全感的心理需求，是如此原始的生命的心理投射，如此碎片化，是源源不絕的期待，這些不斷被投射出的期待，不是很容易被說清楚，只因它們是難以命名，可能和生命早年「無可命名的恐怖感」相呼應或相連結，因而對任何第一線的工作人員都會造成很大的壓力。

接下來我們稍談一些基本理論，來增加大家後續想像和經驗的基礎。和這些防衛機制一起被談論的，通常包括如何處理的策略，因此接下來以前述三種接收心理碎片後的想像，做爲基礎簡要談論技術的術語，例如，整合、聯結、詮釋和建構等做法。

進一步說明前，需要先了解精神分析取向技術的基礎概念。自佛洛伊德以降，目前仍大致是以「自由聯想」（free association）做爲對個案的指示，也就是說出浮現在腦海的任何想法，不要評斷想法來決定說或不說。至於分析師和治療師則是採取「平均懸浮的注意力」（evenly suspended attention），或有人較喜歡用的「自由飄浮的注意力」（freely suspended attention），治療師或分析師不針對特定問題窮追猛問，而是平均地或自由地注意個案所說出來的內容。

目前大致知道，雖然是開始時的指導語，但實務者都知道，這是目標，不是說了就能做得到的指示。自由聯想和自由飄浮的注意力，有個共同目標，讓個案能夠更自由地表達自己，也對自己的過去、現在和未來，有更大的自由來詮釋自己。

首先，關於整合，在克萊因、比昂和溫尼科特的論文常提到的字眼，什麼是整合，要整合什麼呢？依前述的心理碎片現象，有了整合才會如溫尼科特所說的，自己才有持續存在（being）的感受，讓自己可以覺得，昨天的自己也是今天的自己，但是整合是指好壞善惡愛恨都在一起嗎？真的這樣嗎？何以不能壞的恨的惡的少了些，讓愛的好的善的分量多一些，才會是在一起時較好的方式呢？真有可能好壞善惡愛恨都等量地在一起嗎？

如果假設整合是發生在生命較早的某個時候，讓自己可以有持續存在感，是指好壞善惡愛恨都同時在一起，不覺得互相排擠嗎？這是多小的年紀可以做得到呢？什麼是整合，仍是值得再一步想像和建構，尤其是生命早年還缺乏語言，來把一些經驗綁在一起前，整合是以什麼將好壞善惡愛恨綁在一起？這是不切實際的，它們可能不是綁在一起的整合，而是在很廣闊不擁擠的區域裡，好壞善惡愛恨放牛吃草般的相安無事嗎？

我們的職人技藝：碎片如孤島般心理創傷經驗的聯結

（給醫療心理相關專業人員的想法）

沿續前兩篇文章，當我們面對重大壓力時，例如目前疫情下的生死經驗時，除了意識上的期待外，我們也常觀察到這些期待，由於疫情的難以完全操之在自己，雖然可以有著口罩和疫苗注射，或讓自己遠離他人，做爲保護自己的方式，但是這些處置都是不得已的。因此，即使有目前各項重要且必要的保護措施，我們的安全感還是難以眞的心安下來，加上一般人在活下來的過程，總會不自覺地累積衆多破破碎碎的經驗，因此總有著期待如何能更好、如何是最好的生命經驗。

這些理想性的心理期待，當眼前各式不滿意和質疑出現時，很容易影響著人們的心理，因爲需要穩定感做基礎的安全感，我們並非說那些不滿意或質疑是對或錯，是科學或不科學，而是在對錯和科學之外，另有其它深層心理的需求，做爲感受和反應的心理底盤。

這些心理底盤，是依著從嬰孩起，面對自己內在和外在的衝擊，經歷著如比昂描繪的原始的心智滅絕（primal psychic catastrophe）的經驗走過來的經驗所形成。在重大壓力下，人們很容易不自覺地退行到那些經驗裡找出路，偏偏那是碎片般的生命經驗，就算有整合也是如同大海裡的衆多孤島般的存在，如何讓這些破碎如同孤島般的生命經驗，可以交流，那是需要比昂所說的聯結（linking）的概念。

這裡所談的「聯結」概念，是限縮在比昂的論點，從他的文章〈對於聯結的攻擊〉（Attacking on linking, 1959）談起，他以克萊因的死亡本能做起點，從邊緣型或精神病個案的現象出發，思索內在客體之間的斷裂。他以克萊因描繪的嬰孩，幻想著攻擊乳房做爲起點，認爲這是個案和其他客體的關係，被攻擊而切斷聯絡的原型。他認爲面對這些被攻擊而變成自我碎片（ego fragments）的狀態，可以在心智裡藉由「聯結」和「投射認同」，來處理這種困局。

臨床常見某些有相互關聯的事情，卻不被個案覺得有相關，當個案無法覺得一些事件之間是有關聯時，自然無法產生協助的作用。以前述三種碎片的比喻，來想像比昂的聯結，是有那些可能性呢？例如，瓶瓶罐罐的考古碎片的聯結，意味著這些考古碎片黏起來，試圖恢復它的原本樣貌？它們的功能仍需要猜測，如果是大海中孤島的比喻，那麼聯結是指在孤島之間建構橋樑，讓孤島間可以交流，慢慢相互交流，就會讓兩方都有改變。

至於四散移民家族之間的聯結，除了有的例行聚會，以及平時的交流，但由於各自在地發展後，都已經有了自己的未來和命運了，如同前述孤島之間的交流，它的目標是透過聯結而交流，它的最後樣貌是動態的變化，很難有預定的必然結果，而後來的樣貌就是聯結交流的目的。以這些來想像精神分析取向的診療室裡，治療師和個案之間的交流，也有著類似的地方。

當涉及愈可能引發原始反應的重大壓力事件時，更是需要這些功夫，讓孤島間可以交流對話，那麼穩定感以及後續的安全感的逐步獲得，同時讓生毛帶角的理想性的要求，得以逐漸的和現實互動，認清自己和他人的現實，得以在不放棄理想性的期待下，仍可以和現實有所交流，不是只期待現實完全臣服在自己的理想期待下。

日期：2021.10.19星期二

坐而言，起而行

（民眾版）

疫情暫時漸漸趨於平緩了，許多爲了防疫的相關禁令，也漸漸嘗試舒緩中，大家陸陸續續走到戶外，享受難得在安全距離下大口呼吸的暢快。依循著防疫軌跡到現在，大家越來越確認這一連串的措施，是保住了大家的生命，雖有瑕疵，但是瑕不掩瑜，經濟活動也漸漸復甦起來，屬於經濟面向的變化是存在的，那是另一個課題了。各種防疫的實體數字也顯示，我們眞的做得滿好的，歸功於全體民衆、疫情指揮中心和國家通力合作的美好成果，但還無法掉以輕心，許多的努力是爲了可以喘息一下。

這些恢復隱含了許多社會生態的逐漸調整與變化，也可以說是幾家歡樂幾家愁，也可以說，國家各種產業更迭的大方向，在疫情影響下是更淸晰了，但是每個人心中的方向卻未必如此，暫時不往那麼大的方向談。回到醫療現場，這些也是常見的事情。病人們帶著症狀來到醫療體系，告訴醫療人員遇到的疾病問題，希望可以獲得解決。

詳細問診檢查之後，做了診斷，醫療方向是清楚了，或許需要一些衛教與調適，但是事情就解決了嗎？往往是另一個挑戰的開始。在精神科更是明顯，有了憂鬱症或焦慮症的診斷後，除了可能進行的個別治療，包括藥物和心理治療外，患者周圍的人也必須跟著動起來，才會獲得比較好的療效。

換句話說，診斷有了，治療方向有了，但還需要其他人或部門的參與和協助，才開始有更進一步轉變的機會出現，不是幾個人說了算的事情了。但是，問題往往在此出現，當初可能因爲無法把話說出來，大家漸漸的越離越遠，甚至採取壓抑的方式，才能讓關係繼續存在。而現在要變動或調整這樣的關係狀態，可能面臨了當年困難討論的癥結點了，而且隨著時間推移，當初的問題可能已經模糊，後續的漣漪卻已經佈滿水池。

說出了後，就開始接下來的工作，彷彿規劃了一個工程藍圖，爲了讓這個工程可以開始運作，或開始運作後的陸續進展可以發生，很多實作和協調步驟必須銜接上，如此才能實現。其中很重要的是一種情感上的偕同，像是一場演奏中，各種樂器陸續到位後，指揮和所有演奏者，必須開始調頻，並灌注感情一般。只是，不總是如此順利，因為原本的心理歷史成形時，夾帶了許多被噤聲的話語，甚至被驚嚇的行動，必須一一呈現和化解，而處理者和面對者也必須經得起考驗，才有辦法合作下去。不僅僅是如何說的議題，也有如何做的議題。兩者相輔相成。

疫情期間，要戴口罩、打疫苗，經歷了許多的衝撞、溝通和妥協，目前已經是基本的生活習慣和方向了，接下來要如何做，會是另一個重要的核心，空有口號是成不了事的，許多不協調的現象還是會一一出現，是一種必然，還好有滾動式的檢討，和彼此願意接納的善意態度，讓理論和實務可以交相協助修正。

逐漸解除封令時，要如何細項的處理，又是另一門學問，才不會讓口令變成空話，或是另一種威權下的干預，這不僅是領導者的思維，也需要大家一起共體時艱、共同參與。病毒仍然伺機而動，考驗著這一個思考和實作的堡壘。良善的出發點，雖然會遭到非良善的衝撞，用心感受，用話說明，用行動經驗，如此循環，讓整合的軸向可以順利，繼續往不確定的未來前行。

我們的職人技藝：創傷心碎裡，詮釋（interpretation）如何影響未來

（給疫情下第一線醫護相關人員的想法）

即使大家早就經驗過了，對於某些症狀和問題，總是有著不同的論點和感受。目前台灣度過了一次再一次的病毒挑戰，沒有人敢說打死了病毒，它仍是難以完全掌握，難以完全了解的方式存在著。這些情況會間接地展現在，例如：大家對於疫苗的態度；疫苗是否混打；是否更開放生活內容的侷限，這些都涉及了在有限知識下的詮釋，而影響著做法和態度。

這裡所說的「詮釋」，對精神分析取向來說，不只是意識層次的想法，也包括潛意識層次。也許大家會疑問，以疫情來說，是以疫情的科學知識做基礎，而形成的做法和態度，怎麼會有需要談到潛意識層次的經驗？我們是嘗試透過不同的事例來說明，就算科學明確的知識裡，也都有著個人或群體，對這些科學知識有著不同立場的詮釋。

何況目前還不確定的科學知識，更是深受著潛意識的心理感受，影響著我們對於某些現象的詮釋，或有人說成

是不同的解讀。稍說明一下，對於詮釋，精神分析取向者大致想像它是什麼。

詮釋，一直被當是精神分析的核心技藝，一般認爲找出生命早年的故事，來理解目前的問題和症狀，這是「起源學式的詮釋」（genetic interpretation），雖然不少人覺得這是解決問題的重要方向，不過就臨床來說似乎不是這樣，不如預期的有效用。甚至常是覺得，「我都知道了，爲什麼還是沒有改變呢？」有可能已知的故事，仍不是最究竟的故事，或眞正問題的所在，是說不出完整故事，而是在破碎經驗的地方。

精神分析取向者大都知道，移情的詮釋是最重要的技藝。雖然什麼是移情，以及移情的內容是什麼，仍有很多不同的見解。移情詮釋的假設是，透過詮釋個案對治療師或分析師的移情，讓診療室裡此時此地的移情景象，變成意識化後可以更自由地說話，這是由於移情是帶來阻抗和破壞力的重要因子，因而在移情詮釋後，有機會邁向更自由的聯想。

例如，克萊因對個案的負面移情的詮釋。不過，在實務的複雜過程裡，詮釋這項技能所遭遇的困局，如起初佛洛伊德形容的，有時候給與個案某項詮釋，像給肚子餓的人一份菜單。面對前述種種心理碎片的人生狀態，詮釋是否只是說著風般的耳語，甚至詮釋的本質是否帶有攻擊的意味，讓我們的詮釋可能帶有冒犯的傾向？

葛林（A. Green）嘗試指出這種可能性，某個案在早年經驗母親的憂鬱，如同是個死亡的母親，後來對分析師投射死亡般的移情經驗，也就是治療師被個案不自覺地，當成是如死去般的母親。這時候，個案需要的不再是對於移情的詮釋，說他把治療師當成死亡的母親。這涉及個案早年創傷時承受的難以言說的苦痛，此刻我們詮釋說它就在生活的何處，這不是個案這時一定能承受的情感，不想睜眼來看和細思，這不是對或錯的問題，而是人性必然的一部分。此刻有些個案需要的是其它的，例如被他人了解的感受等。

我們的職人技藝：創傷心碎後，心理一層再一層的建構（construction）

（給醫療心理相關專業人員的想法）

在個人的世界常會相信，是自己的努力才有目前的成就和收獲。不過在涉及群體的事件時，例如當前疫情下，有著目前穩定但仍需要謹慎的情況，是如何獲得的？涉及事後再來回顧，或我們要說的「事後的建構」了。我們來比較事後回顧的可能差異，談論什麼是事後的建構，以及會如何影響對某項災難或成就的解讀。

首先，我們走過某件事後，尤其是如疫情涉及生死的大事時，事後對於大家一起走過的痕跡，只能依著自己有限的經驗，再加上精神分析家比昂（Bion）指出來的，事後的回顧很難如一般想像的只是回顧，通常有著不自覺的選擇某些事實（selected facts），形成事後對於該事件的感受和想法。

這是我們所說的事後建構的意思，不必然是意識上刻意的，也就和一般說的只是回顧以前是不同的。理論上，很難如一般期待只是回顧以前，通常有著潛意識的選擇事實，來建構出對那些事件的理解方式。

關於建構，是佛洛伊德一輩子的精神分析工作，想把精神分析推向心理學高峰的想法。他在晚年1937年發表了〈在分析裡的建構〉（Constructions in Analysis），想像透過長年工作的經驗和知識的累積，來推論或建構個案生命早年的內在心理學，因爲那不是以語言方式被記憶的經驗。

這是「心理眞實」（psychic reality）層面的建構工作，而不是「歷史事實」（historical truth）的發現，差別在於，建構這語詞有著，依目前狀態打造當年故事的意思，不是假造故事，而是呈現一個重要的心理現象，當我們後來回顧當年，尤其是嬰孩早年的生命故事時，多多少少受此時此地的感受和想法，來重新解讀過去史。

這種現象也出現在我們說著夜夢時，由於不可能完整且信實地說著夜夢，總會摻雜著述說時的心情，或因爲要對誰述說，不可避免的出現了某些微調，反映著「夢工作」（dream work）的存在，或內心深處有著心理在工作的證據，對精神分析取向專業職人的工作模式來說，這不但無損於夢的價值，更是我們的機會之窗。

重點不全在於透過「顯夢」內容，回憶出「隱夢」

的內容，而是在於探索從隱夢，透過什麼心理工作而變成顯夢的「夢工作」，隱含著在內心裡工作的心理機制。尤其是為了避過監督者，說出深沉期望而發聲的過程，涉及的防衛機制，這是人活著，而且心理有在工作的跡象。這意味著建構，不全是要回憶起當年的歷史事實，更在於藉由殘留的遺跡或症狀，個案和分析師或治療師共同建構生命早年的心理史。我所以說是和分析師或治療師「共同建構」，是指在診療室裡建構心理史是兩方合作的成果，是移情和反移情共同工作，而再建構出來的心理史。

如果只以回顧過去，來說明我們對於往事和創傷的看法，就會假定那些創傷經驗，永遠以原封不動的方式留在那裡，但這和臨床經驗是有別的。通常個案對於往事創傷，都有著從小到大，一層再一層的建構，並以新建構的往事來經驗它，這是比較接近以「此時此地」的想法來經驗往事，來達成所謂的認識自己。

日期：2021.10.26星期二

誤會一場

（民眾版）

「打個疫苗而已，爲什麼要想這麼多？」，「台灣這麼安全，爲什麼要打疫苗？」，這兩個看來相對的疑問句，勾勒出疫情期間生活的對話樣貌。可以在口罩議題、隔離議題、疫苗選擇議題、甚至是政治議題上，處處見到這樣的對話模組。把這個「爲什麼」想一想，可以是夾雜了情緒和理性的複合體，可以看看這樣的對話，是在何種場合的發生？這種情緒和理性比例的呈現，會因此游移浮動，這是人類團體運作複雜的地方，也是可貴的地方。

隨著文明與科技腳步前進，人與人的互動方式漸漸地改變，從以前父執輩所流傳的口語寒暄，見面打招呼，到現在用螢幕打招呼，許多人與人之間的風景改變了。暫且不用好壞來論斷這些變化，而用這些變化出來的樣貌，回頭來定位生活中的位置。這可以在精神科的疾病運用上，發揮不少的功能，也協助不同的族群的精神健康促進。

臨床上常見的憂鬱和焦慮症，大致認同必要的生活行爲調整，在可以的情況下，出門走走，和親人、朋友、鄰居、同事，互動一下，和大自然親近一下，很一般的建議，但是對這樣生病的人而言，卻往往需要慢慢心靈復健的，可以做的會比可以說的慢許多，因爲夾雜了許多的焦慮和恐懼。需要慢慢來的重要目的之一，就是希望可以慢慢恢復對現實感的接收和消化。不少精神疾患和心理創傷相關，受了傷的心靈容易退縮到不想再和現實接觸的角落，一方面療傷，一方面避免再受傷。因此，要再重新與現實接軌，是一個不容易的過程。

疫情發展至今，已經可以呈現許多問題背後的複雜度。回到本文開頭的兩個提問，可以有許多層次的考慮，但是我們還是先用對話形式來呈現。「打個疫苗而已，爲什麼要想這麼多？」因爲：有人對疫苗裡的某些成分過敏、有人有免疫系統疾病、有人獨居且行動不便、有人正在接受化療免疫功能受損、個人信仰、身體對疼痛的反應……等，有許多我們無法知曉的原因，干擾著注射疫苗的動作執行，這是現實，也是許多誤會或不了解的癥結。因我們所知和經驗是有限的，如果只用一種情緒來應對，是會造成衝突與對立。

與現實接軌的過程中，如果另一個人可以和當事人互動，除了可以澄清彼此認知上的落差之外，彼此之間的情感交流，常常可以發現一些未知的元素，而破解了心中的藩籬和枷鎖，當然並非常常如此順利，但每一次的互動，常常可以累積提供未來調整的材料，這是現實和想像交流的過程。

也是我們心中的「爲什麼」可以被回答的過程。爲什麼不全部接種疫苗？複雜度高，先打到全體保護力足夠即可。爲什麼不全部疫苗都買來？分配給全世界量能有限，先救火再滾動調整。爲什麼不全台灣停止活動一個月，讓病毒一次滅亡？焦土方案，會有人因此而喪命或生活崩潰，後續效應不堪設想……，這些在誤會中不斷解答的過程所得到的結論之一，也還在不斷的演變中。

現實和想像要彼此交流，其實並非容易，因爲一些挫折的出現，往往會讓交流中斷停滯，因此誤會往往必須停留一段時間。把外在互動放到內在精神層次來，我們其實也常常自己誤會自己。這牽涉到自己內在某些部位的情感動員，因爲有些感覺必須要被隔離，因此讓另一種相反感覺更加凸顯，引發更強烈的不平衡反應。因此有些不想或不敢知道的部分，就會被各種情感和機制給防衛起來，等待有緣人，在一個相對安全的環境下，慢慢來理解這一個誤會。

如果誤會是了解自己和他人的起點，這是什麼意思呢？

（給疫情下第一線醫護相關人員的想法）

誤會是日常生活的一部分，它跟精神分析有關係嗎？也許沒有，也許有，我們就從也許有來談談可能是什麼？先從我們熟悉的陰陽概念來說，如果太陽面照得到的地方，誤會呈現的常是指出溝通或人際障礙；如果從月亮面來說，可能是一個被出力過而留下心理痕跡的著落點。誤會，宛如一面梯子可以往上爬或往下深探，或對老鷹來說那是一道風勢，它可以順勢盤旋的所在。

簡單地說，誤會可能是帶來問題的起源，但如果我們相信這個起源只是表相，是另有更深遠的其它心理課題，那麼這些浮現出來並被意識到的誤會，如平常夢境那般，有著值得探索的內容。舉了這些例子，是要來談一個乍看清楚，卻可能另蘊涵著其它豐富心理訊息的寶藏。

例如，當年佛洛伊德分析「朵拉」時，是個失敗的結果。這種結果引發一些推想，到底是怎麼回事，而這些推想裡有多少是誤會和誤解，或多少是個心理窗戶，讓我們有機會可以認識到，可能另有其它的心理因子在作用呢？也可以說，佛洛伊德在面對朵拉時的現實障礙，他卻說成那正是精神分析開始的地方，好吧，我們就從這些障礙談起吧。

關於誤會是怎麼回事，我先從兩則寓言談起，本文先談其中一則。例如，某人期待一隻泰迪熊，但並無法說清楚他要的是多大隻，或他根本沒想過自己要多大隻的，只覺得反正就是想要有一隻泰迪熊，或是不是要泰迪熊也不是重點，而是要一隻「那樣的熊」，但「那樣」是指什麼樣，不覺得有需要說清楚，因爲那是不需要多說的，心裡想的是，只要這麼說，對方應該就會知道該什麼樣的大小，不過很難追究出是什麼時候開始，就是覺得對方應該知道這些的啊。

這些說法很矛盾的，卻可能是日常生活裡的一部分。人總有著假設有人會知道我們所說的，只是平常時，一般人不會這麼想，甚至覺得自己不會這樣期待他人。那麼這種情況會是誤會自己嗎？例如等到有一天，治療師在某種難以忍受的情況，覺得就是擋不住對方的需求，因爲對方已經把他目前的某些問題，例如睡不好，雖是很久以前的問題，也歸究於治療師那時候不給他所要的，才會讓他從小至今依然如此，使得治療師處在這種覺得被誤會的受苦裡。

治療師幾度想要讓他了解，怎麼可能欠他什麼呢？不過這可能只讓治療師陷在更大的困局裡，因爲他更覺得治療師沒有盡到責任，害他一直找不到工作，治療師突又多了一筆罪狀，心想好吧，順著他的意見給他一個他一直想要的答案，如同給與小孩一隻泰迪熊吧。治療師由於覺得個案的需求如此強烈，需要夠大的泰迪熊才能滿足他，或才能撲滅他的不滿，雖然撲滅不滿，和讓他覺得滿足滿意，是不同的兩件事。

但是治療師給的答案，例如你的問題來自於久遠的年代，你如果要往前走得順暢，需要正視問題就在自己身上，這是答案嗎？依據什麼命題而給的答案呢？或者說這個命題是了解或是誤會呢？尤其是如果對方覺得被批評。

常寧願處在誤會裡，以便覺得自己的答案是對的？

（給醫療心理相關專業人員的想法）

臨床常見的是，我們依據個案明白提出來的要求，給了他們想要的答案，但常見的是，難題還是繼續存在的，這中間的落差是怎麼回事呢？到底要多大的答案，才是符合治療師覺得是個案所需要的。面對這種情況下，當有這種落差存在時，有個重要的誤會要在治療師心中先澄清。面對這種落差，是否我們還是覺得自己是對的，只是對方有阻抗，才會拒絕我們給的答案，其實這是一個重大的誤會，面對臨床裡意料之外的反應，就表示我們不了解對方，只是我們常寧願讓自己處在誤會裡，覺得自己的答案是對的。

如果我們沉浸在這種誤會裡，就會顯得很難走下去，因治療師只能憑著感覺推想，個案所說的故事之外，到底需要多大的泰迪熊做爲禮物，治療師感受到的他，是如此的不滿意，因此覺得是需要一尊很大的禮物，甚至比他本人還要高大的禮物，比喻上治療師給的答案可能淹沒他，如同送出了一個比他身形還大的泰迪熊給他。

他起初很高興，但慢慢的心理呈現一些矛盾，他開始煩惱這隻泰迪熊這麼大，他如何帶回家呢？他想到這是治療師應他要求而給他的禮物，但他的家門沒那麼大啊，難道他要將這隻泰迪熊分解，才可能帶進家裡，他對於自己浮現想法，要分解這隻泰迪熊時，他起初覺得不可思議，覺得自己怎麼可能有這想法呢？這對泰迪熊太殘忍了，他開始暗暗生氣，生氣治療師爲什麼送這麼大的禮物，他覺得治療師誤會他了，根本不了解他，不然不會送他這麼大的禮物，這更像是在嘲笑他，笑他的家門（心門）如此狹小，放不進這項貴重禮物，他愈想愈生氣，就不想再說話直到時間到了。

心理上他還是扛著泰迪熊，走到大街上，他想將禮物帶回家，一路上他愈走愈發覺自己變得愈來愈小，他沿著馬路左閃右閃，忍著路人的眼光。回家的路，這條常走的路，今天好像愈走愈往地下的感覺，走回家像是要走進地洞的感覺，他拖著這熊回家，路上遇到一些人的好奇和詢問，他都很努力地回答對方，但愈說卻愈不相信自己的話，他不相信也不感謝治療師是基於好意，覺得治療師是在整他，故意讓他出糗，這個疑問是誤會或了解呢？

如以前那般說服自己，要直挺挺走回家，但心理上卻一路上閃躲他人，好像這個大禮物只是反映著他的問題有多麼大，也許不必然是錯誤感受，因為治療師就是有著一個天大的誤會，以為他的問題如此巨大，空洞感如此大，因此需要這麼大的泰迪熊來填塞他內心的空洞，但他覺得這是治療師的誤會，好不容易從傍晚走到天黑，到家了，卻發現這個禮物擠不進家中，只能放在外頭，不巧晚上可能下雨，他只好先將泰迪熊放在公寓的大門外頭，但整晚想著，如果真的下雨了怎麼辦，如果被別人偷走了，怎麼辦？

這是一場誤會，是誰誤會誰，或者一點都沒有誤會，只是治療師送得不是時候，是嗎？但是送得不是時候，沒有誤會在其中嗎？這個疑問，突然響遍了心中整條巷子。

日期：2021.11.02星期二

感動和行動

（民眾版）

「好的好的，醫師交代的話，我一定會謹記在心，每天好好的運動，早睡早起。」這是在診療室現場常見的回應，醫療人員交代了一些對健康身心很重要的指令，而願意接受建議的病人，就以此方式來回應醫療人員了。但是往往有些事情，總是會複雜的出現，特別是醫療這件事，因爲身旁的親友，手邊的網路，各種訊息交織在周圍，爲了生病所導致的危急和虛弱的狀態，尋求可以解除痛苦、恢復健康的方式。

另外有一個很隱微的元素，在人們生病或遇到危急狀況時，會突然加強其訊號與能量，這是一種情感的能量，有人會說是尋找愛的能量，蘊藏在語言文字應對之間，左右著語言文字的命運。意思是說，有一種誤會可能會悄悄自然發生。舉例來說，醫學的統計數字告訴我們，許多罹患慢性疾病患者的醫囑遵從度，其實只在及格的邊緣。也就是，語言文字和情感層次不見得會同調。

疫情中的一些訊息正是如此混亂的被接收著，每天有來自國內外的各種語言訊息，這些訊息如同一種地標，標註了字面想要傳遞的內容。然而與文字連結的情感和行動，就不盡然如此直線了。有些是意識上的操作，有些則是潛意識的反應，就像有時候我們會很認真複誦一些字句，也有一定的感動，卻不盡然會如此行動，或者感動的層次和文字本身，也會呈現出一種落差。

有關意識故意操弄的部分，自然有其本身想要操作的空間，然而潛意識的矛盾，卻不能如此被直接解讀，因爲存在太多複雜的元素，也是精神分析一直在研究與深入的課題。何以感動後，不見得可以如此行動，這是值得深入的議題，這是人性中複雜的地方，造就了許多美麗的誤會，當然也不總是如此。

說錯話、表錯情、會錯意、做錯事……等，都可能是人類心智運作範圍中會出現的誤會。說是誤會，是先區別不是意識上故意的意思，是在互動或行動的某些時刻，突然間發現的和情感無法接軌的感受，如果面對的是重要的人或事，往往會想尋找爲何如此，抽絲剝繭分析到底發生了甚麼事，問題就會這樣問了出來。

「爲什麼疫苗要這樣的順序打？」，「爲何指揮中心和基層的同一說法，執行起來卻與原本說的不太一樣？」，「聽了指揮中心的分析，我知道了需要接種疫苗的重要性，可是不知爲何，隔了幾天後，我卻沒有那麼積極想要打疫苗。」疫情期間常見的某些說法，不難發現，感動和行動的落差會如此存在。

不盡然說這些誤會一定是一種錯誤，因而勢必要更正這些誤會。因爲許多的誤會，其實是彼此認識的開始，也是不同層次的情感可以並存的必要條件之一，我們也非只是要合理化，好像在逃避某種責任一樣。而是當這些發生在非意識層次的範疇時，我們可以如何來接近眞相。

就像是，在感動之後的行動，可能藉由一種誤會後產生的理解，將行動成爲一種實踐誤會的方式，當這樣的結果出現，我們如何理解到底發生了甚麼事？其實兩者間的情感應該沒有差異，只是在行動上可以附加的表達空間，暗示了原本感動之中夾雜著矛盾的想法，於是在情感感動的當下，淹沒了這樣的矛盾，而在氣定神閒時，原本的矛盾就呈現出來。

不確定的疫情，需要多少誤會讓自己不被恐懼淹沒？

（給疫情下第一線醫護相關人員的想法）

在日常生活裡，很多時候是靠著誤會過日子，才可能讓日子過得下去。誤會有時是帶來衝突的起點，例如在疫情期間各種訊息的流通，有些是刻意製造假訊息來干擾防疫，或是帶來打擊，讓大家沒有信心面對疫情的不確定感。除了一般想像的政治立場的不同，對訊息會有不同的選擇外，我們相信另有其它的深層心理因素，才會讓前述情況眞的發揮作用。

我們從小到大的成長過程裡，有多少情況是眞的因爲正確了解了眼前的人事物，所以可以過到現在嗎？以兩三歲的小孩爲例，如何理解突發的家人不在和過世呢？這種失落如一般想像的容易被了解，或不會被誤會的了解嗎？如果這些現實壓力過大，到小孩根本無法理解，那麼小孩在那時候，是靠著什麼而能不被現實和恐懼淹沒，仍能走出下一步呢？

坦白說，這需要一些誤會式的了解，或者如精神分析家溫尼科特說的，嬰孩需要母親給與的錯覺（illusion），才能不被現實淹沒，在面對未來的不確定性時，仍保有一種自然的感受，覺得這些是可以克服的困難，而且不必太花力氣來說服自己，相信明天會更好。雖然眞實上，誰知明天一定會更好呢？但這種相信，是有著現實為基礎，而且是清楚的相信，或可說是清楚的誤會或錯覺，卻不是盲目的。如果是盲目，就可能因忽略現實而帶來後續問題，我們不是說刻意要有誤會，而是想要指出另一面，人和人之間容易相互誤會，可能有著源遠流長的心理課題。

如上篇文章〈感動和行動〉提到的，何以明明是令人感動的情況，卻可能有著相反的行動和回應，讓第一線工作者不時遭遇挫折和困擾，在重大壓力事件下，是更容易看見，例如我們幫忙對方緊急處理了一些問題，但在處理好問題後，卻可能讓原本在後頭的更大難題浮現出來，因爲原本的問題，是防衛著更困難心境的面具，這些反應自然會帶來我們的誤會，以爲對方是恩將仇報，這不必然是錯的感覺，只是有時是受苦後被帶離苦境，最先的反應卻可能是，對於協助者有著「莫名的憤怒」。

例如，你爲什麼不早告訴我……等心情和期待。不必然是意識上的反應，例如他聽到有人告訴他，一句很有意思很有感覺的話語，覺得心裡很感動，心中感謝對方的貼心，知道這時需要有人跟他說這樣的話，他終於等到了。雖心中有一些些不夠百分百滿意，但為什麼不早點來到呢，竟要他等那麼久，覺得自己委屈許久了，才好不容易從對方口中聽到，如此撫慰他心情的話語呢。

他拿到一句很美麗的話語，像寫在精緻的紙上，他高興要拿回家貼在牆上，他需要隨時再溫習這句話，得來不易的話語，不能讓這句話就這樣消失了，雖然他是不曾想過，如果是這麼重要的話，為什麼無法只靠著記憶，在腦海裡重複浮現就夠了呢，還需要有著具體的文字在紙上，重看時才有安慰的效果？他是還沒有想到這個問題，仍只一心一意的想著，回去後一定要把這句良言玉語，貼在客廳的牆壁上。

回家後，一面牆壁上，擠滿各式的貼紙，都是勵志的話語，社會流行具有撫慰效果的話語，有些好像已經過時了。他曾經想過，是否把這些過時話語清理掉，但每次站在這些詞語金句前，想著當初是誰送他的，當時是多麼令他感動呢。如果要清理出牆面容納新的語句，已經是老招不太管用了，而衍生出來的失落感，讓他縮手了，想著如果都撕下來，是否自己會空掉，會垮下來？

重大壓力下的恐懼，同理心有多少誤會做基礎？

（給醫療心理相關專業人員的想法）

我們的日常工作裡，藉由說話來表達支持或鼓勵時，想傳達我們了解對方的外在處境或內心的困局受苦，我們可能說那是同理心的展現。不過在這篇文章，是要試著說說它的困難，或者可能和我們預期的相反，我們甚至最好有著心情準備接受，我們說的話和對方所感受到的，可能是相反的，不是我們刻意如此，反而常是我們刻意要表達了解對方時，有著多少誤會做基礎呢？

請各位不要誤會我們是反智論，好像知道眞實是不需要的，不是如此。我們只是嘗試讓大家了解，或不要誤會，人的誤會是有它的多元特性，我們需要了解這種多元性，才能忍受和思考我們認眞努力，卻被誤會或誤解時，我們還有多少想像空間，讓我們可以海闊天空？

前一篇〈面對不確定的疫情，需要多少誤會來讓自己不被淹沒？〉爲例來說，比喻那些貼在牆上的語句，都曾經是金玉良言。無法忍受的是，眞的有新的語句出現時，就只能貼在舊的上頭，他甚至堅持新的不能完全蓋住舊的，就算字都蓋住了，就算只留下沒有字的角落，那個角落也是很有意義的，但是光要選那一張做爲這次被蓋住的目標，就會花掉他整個晚上的時間。

他閱讀著這些過時的語句，更覺得失去了什麼，那些字句失去原有的魅力了，讓他更失落，在當初它們可以讓自己不再那麼失落感，好像人生從此看開了，光明就在眼前，他終於可以抬起頭大步走出去了。

他總是抱著這種心情上床睡覺，只是他隔天醒來後，再看著新貼的話語時，卻覺得它怎麼好陌生，難道前一天晚上，他誤會了什麼嗎？不然，怎麼會這樣？沒有讓自己滿意的答案，他只好抱著失落和失望，再度出門工作，重複想著今天晚些遇見他時，他是否能再給一些漂亮語句呢？

他想著不能讓對方誤會，所給的金句完全無效，這不是實情，那些金句不會完全無效，只是效用之後總是摻雜著失落，好像到過很漂亮的地方，接下來都是次要的了，這種感受只讓他再度不快樂，反而更像再度失去了什麼，怎麼會有那麼多的自己可以失去呢？

這的確是事實，難道他是誤會了什麼嗎？當他站在牆壁前想著，手上這句金言要張貼在那張舊語上頭時，他發現一句跟自己手上拿的相同語句，他楞了一下站在那裡，回想得到原來那句金言時的場景，他不確定是不是就是回想的那樣，在此刻不是那麼重要了，讓他困惑的是，何以手上這句彷彿全新的金言有撫慰的感覺，但牆上那張相同的金言，卻是如同死過的事情。他想著是否要用這張新的相同金言，蓋在舊的語句上？

當他張貼好了後，心裡不停地想著，難道自己誤會了什麼了嗎？不然怎麼相同的金言卻有不同感受，他好希望這是他需要的最後一句金言玉語了。

日期：2021.11.09星期二

妥協和堅持，是敵人或難兄難弟？

（民眾版）

再回到施打疫苗的概念，現在各家疫苗的供給量越來越充足了，但也摻雜入每種疫苗不同的施打細節，各家疫苗常發生的副作用漸漸地被區分出來，甚至救濟系統的運作也都在運作中。疫苗的注射涵蓋率也漸漸增加，國內各種放寬的限制，看來也在疫情指揮中心的思維逐步進行中。

在這些科學的思維中，其實不難看出，必須參入社會階層實際運作模式，來全面的思考與調整。疫苗注射的策略也是如此，要考慮的有很多層面，供給量的速度與施打族群的接受度、疫苗的保存期限、施打政策的執行率、甚至是細節到基層注射單位使用殘劑的方式與順位……等，都會是一連串妥協的過程。

爲何需要妥協呢？不是大家排隊排好，像在學校軍隊一樣，符合條件的都接受疫苗施打，不符合條件的就個別處理，畢竟這只是少數，應該很簡單呀。以上的描述，是非常理想化的條件，但在現實中卻可能窒礙難行。牽涉到兩件事，第一，是否緊急到卽刻危及每個人的生命；第二，團體動員的起來嗎，受影響的有著個人和團體的互動議題。個人利益和團體利益，究竟該如何來思考輕重緩急，該用何種標準來衡量，團體中的次團體該用什麼權重來評估？當各種立場對立時，灰色地帶可能存在嗎？如果存在，灰色中的灰階，是另一個複雜的思考向度了。

以精神科的憂鬱症爲例，雖然是一個病名，但牽涉到生理、心理和社會因素，很難用單一立場來考量與治療。有些牽涉的是人際關係的衝突僵局，也許是婆媳不和、父子觀念衝突、同學間的團體衝突，雖然直覺的支持當事者爲基礎出發，但也有不算少的發現，當事者確實需要重新反思，僵局的雙方對話必須要能發生，以尋求關係可以運作的空間，不能先把誰對誰錯的道理放進來，這樣肯定是破局而幫不了彼此。如何讓彼此可以放下成見，把故事回歸到原點，方是可行的策略。也就是灰色地帶的存在，看似妥協，其實是建立一個止戰區，讓原本的黑白可以出現，才能進行更精準的重新調度與判斷。

當把焦點放到一個人心中，其實妥協的情境也不斷發生。即便認同接種或不接種疫苗的人們心中，也可能都是妥協的歷程運作。因此冒出一些與接種無直接相關的理由，作爲是否接受施打苗的依據。比方說：我願意打疫苗，因爲我必須盡早恢復工作，不然每次都要做快篩，也很麻煩；或我不願意打疫苗，聽說疫苗的副作用很難預測，萬一發生嚴重的副作用，影響到工作，就會造成很大的損失。這些並非直接以是否會受到感染，或感染後可能會招致的身體結局，作爲檯面上的理由，正也是說明了臨床上，妥協機制的發生，如此一來，才有可能永續的運作下去。

爲了原則而不妥協，這是實情，還是錯覺？

（給疫情下第一線醫護相關人員的想法）

一般人會怕自己沒有原則，因此可能常會錯覺地以爲，有原則的方式就是不能妥協，何以說這是錯覺呢？只要我們願意細想就會了解，認識到內在心智世界可以活下去，並讓自己可以有更多的創意出現，是絕對需要和各種內在欲望和想像妥協。例如，人可能有著暴力的衝動，就算很文明的人，也可能會有這種衝動，那麼何以這些衝動少出現呢？是它和我們內心裡的什麼妥協了呢？

如果說成是因爲文明，所以那些暴力的衝動會自然消失，這不太符合臨床的經驗。人從出生到長大，爲了活著，是一直處在內心世界運作的各式妥協裡，不可否認的是，何以人們卻是如此不想被冠上容易妥協的說法呢？是否使用了相同的語詞，但所指的可能不是相同的事情？例如，不想妥協是更有理想的意思，人需要理想做爲支撐，如果妥協好像就會變得缺乏理想了，是這樣嗎？

理論上不是，但何以大家常這樣想呢？因爲有著以理想爲名的嚴厲「超我」的存在，它的理想不是要來被實現，而是被用來苛責他人和自己的武器，也許這是妥協是如此負向的心理緣由。不是要大家不顧理想，而是要區分理想和不妥協的目的是爲什麼，什麼是爲了要有理想，卻不是想要實踐理想？畢竟要實踐，就涉及了和外在現實間漫長的相互影響，或相互妥協的過程了。

在重大壓力期間，例如疫情期間，面對病毒的不確定性，面對自己生命的不確定性時，容易激發人們回到原始的理想堅持，要讓自己依據現實有著滾動式的調整變得更困難。雖然這樣的僵化，更可能讓自己蒙受災難，但內心的堅持常是如此強大，使得在重大壓力下，卻更難有著概念的溝通，因爲很容易被當做是妥協，尤其是重大壓力下，是更容易只有兩種答案，要妥協和不要妥協。當妥協被當做是沒有原則時，就會變得不要妥協，例如打疫苗等事件，變得只有極端的黑和白的選擇。

當黑色和白色相遇後，會發生什麼事呢？一般的說法，依不同比例而成不同程度的灰色，那麼灰色是什麼呢？實質上眞有灰色這種顏色嗎？雖然視覺上的確有這種顏色存在，不過如果以更細緻的機器，來看灰色裡黑白的混合，是否仍是黑白界限分明的存在，依著不同黑白的混合比例，而造成視覺的錯覺，實質上是黑白分明地交織一起，如同以重複的0和1的交織，構成了繁複的數位世界。

就細節來說，是對於顏色的誤會，如果以錯覺來形容，就馬上陷進了對錯的二分法裡了，這是很原始的心理機制，不是可以好好思索的領域，而是只能在超我和原我，以及外在現實的壓迫下，在兩極化的端點之一做出選擇，而不是眞正的思考。雖然一般常以爲，在兩端點裡做選擇時，是有思考判斷，其實由分裂機制所推衍出來的現象，就是難以思考的現象，自覺有在思考兩者選一，其實是種誤會。

那麼要累積多少誤會，才會踏出眞正的了解呢？或誤會的眞正目的，不在最後有什麼了解。當我們了解了，不再是誤會後，會出現什麼後續的動力，推動對自己的認識？一般常說的，日久見人心而了解對方或自己，但這眞的有了解，或只是用不自覺卻一再觀看的方式，看多了，累積到某個程度，覺得對方就是這樣的人，這是錯覺嗎？是否一開始就是錯覺，只是被忽略了，而誤會自己理解對方是某種模樣，等到最後說自己了解對方時，才是錯覺的眞正開始？

沒有妥協這件事，有的是妥協和堅持？

（給醫療心理相關專業人員的想法）

內心世界裡，關於妥協是什麼，遠比我們想得到的還要複雜。理論上，人從小到大，在最理想的想像裡一路妥協而活了下來，通常也有著某些堅持同時存在。如果模仿溫尼科特說的，沒有嬰兒這件事，有的是嬰兒與母親，強調心理上母嬰一體存在；如果說，沒有堅持這件事，有的是堅持和妥協；也可以說，沒有妥協這件事，有的是妥協和堅持。這些不是只有嘴巴上的語詞之辯，而是要說明妥協和堅持原本就一體存在。

在精神分析家溫尼科特的主要概念裡，我們可以遇見類似的現象。他提出了在精神分析界裡受歡迎的觀點，例如「過渡地帶」和「過渡客體」的概念，他使用了頗詩意也相當眞實的說法，過渡客體既不是外在客體，也不是內在客體。

如前所說的那隻泰迪熊，或某條小棉被，被小孩隨時帶在身旁，甚至不准清洗，好像清洗後某種魅力就會不見了，這是一種很奇特的心理深處的堅持，這種客體讓小孩覺得有安全感，甚至觀察起來是，讓小孩覺得這世界有安全感的重要客體，這是指心理的眞實。因此這隻泰迪熊在心理學上，不再只是外在客體，而是有心理內在客體的運作，而得以成爲過渡客體。

有這些奧妙的特質，讓溫尼科特說，過渡客體既不是外在客體，也不是內在客體，也可以說是既是外在客體，也是內在客體。它是處於中間的客體，換成另一種想法，當小孩堅持著過渡客體不可被調整的同時，有著他需要妥協的，父母無法隨時在旁，只好以過渡客體來取代了。這是心裡很巨大的讓步和妥協，雖然在意識上不會覺得如此。

試想就嬰孩來說，父母無法如自己意思而隨時在旁，是多麼巨大的恐怖感，以後來的人生來說，像是處於重大壓力的情境時，我們會如何堅持和妥協呢？或在這兩者之間有什麼出路嗎？過渡空間也有這種特性，如同黑白之間的灰色嗎？這也是在心理世界的現象裡，我們推演灰色既不是黑也不是白的意思。

再引用分裂機制來進一步說明。分裂機制是佛洛伊德晚年才明確提出的概念。他描繪這種原始，如同精神病層次的心理防衛機制，它運作時讓好壞黑白分明，兩者勢不兩立，或者更是兩者就是同時兩立，卻難以相互交流的存在。臨床上常出現的是，邊緣型個案者常出現，讓周遭人覺得全好全壞的兩極化，而處於很困難適應的處境，有時被當做好人，有時卻突然變成壞人的二分狀態。

在臨床過程裡，如果要處理分裂機制的二分法，或黑白善惡過於分明的兩極化時，是需要有中間地間或灰色地帶的想法和做法。如果我們假設灰色眞的存在，要讓灰色出現的話，要把黑色和白色都除掉，讓黑白都消失了，然後才有灰色出現。但就心理困局和衝突來說，是原我和超我之間相互衝突，但假設有自我（ego）穿梭在原我和超我之間尋找妥協。

就精神分析的論點來說，這些內在心理運作妥協後呈現出來的結果，就是臨床上個案主訴的症狀，那麼自我到底做了什麼呢？這部分在後設心理學的論述上，仍有值得再想像的空間，還需要更多術語被發現，來形容妥協過程裡到底發生了什麼事呢？例如，是把原我弄掉或弄少了，然後有妥協的結果，是如此嗎？

就臨床來說，不必然如此。因爲原我的欲望和超我的嚴厲要求，都是很難完全消失的，就算佛洛伊德的古典理論，是要以語言和說話，這種文明的成就讓潛意識變意識，他也深知文明不可能將原我和超我所引發的處境完全消除，他因此有文明及其不滿的說法，不滿就是在文明介入後，原我和超我以它們的方式，所呈現的對峙和不滿。這也是我們在疫情的重大壓力下可以看見，何以有這麼多難以理解的或相互矛盾的情況，以及它們所呈現的內在心理狀態。

跋

疫情尾聲談「反移情的恨意」後再出發

這是長路，面對這場世紀瘟疫，已不是以避開的方式，就可以解決第一線工作人員的壓力。我們無意就個案談論，但從公共知識的角度來說，需要有更進一步的心理論述，讓目前仍處於疫情壓力下，無法避開，只能一路走下去的第一線醫護和其他工作人員，他們的心理狀態需要被想像和了解。

我們想到英國的溫尼科特（Winnicott），他所提及的深度心理學概念，例如他在一篇重要且廣被閱讀文章，談論治療者的「反移情的恨意」裡，說明做爲治療者在面對個案的困局時，所可能被挑起的恨意。我們主張這是重要的了解，一般人也需要對第一線醫護和其他工作人員有這種了解。

我們相信，大家可以想得到，第一線工作者面對著不知在何處的病毒，不知染病者的病程是否會快速惡化，以及對於自己家人的擔心，這些都是超過常情的壓力。除了群體的合作和他人的體諒外，還需要慢慢在這個過程裡，體會內心深處的煎熬可能是些什麼。不然可能在醫德壓力和自己的道德壓迫下，讓內心深處無力感、無助感和無望感變成有力的壓迫，卻不自覺，反而讓這些有力的壓迫，變成指向自己的自傷，或指向他人的傷害他人，這都是困局。

回到前一段說的，治療者的「反移情的恨意」是什麼？各位不必然要了解「反移情」的深入意涵，只要先了解這是指，當治療者面對個案（或目前疫情下的處境）時的難以了解，難以處理，又無法避開時，可能產生的恨意。這裡所指的恨意，不是意識自覺刻意的恨意，而是內心深處油然而生，不被自己察覺的恨意，常是因為治療者的善意或道德感，讓自己無法意識到，這些潛在且難以說出口的恨意。

這可能讓原本以無力感、無望感和無助感呈現的現象，在內心深處卻轉型成強而有力但找不到話來說的恨意。這可能以莫名不安，說不清楚的不安來表現，也可能以其它特有的方式來呈現。通常在起初是難以察覺，就算精神科醫師有理論和經驗在身，也可能不是一下子，或談了幾次就可以發現，因此社會如何給雙方時間就很重要了。唯有願意給幫助者時間，才有機會發現這些潛藏深處，卻有力的破壞力，我們是以恨意來說明它。

就算有這些恨意，不是不對，反而是很重要的發現。第一線工作者是需要讓自己慢慢發現它呈現的多重樣子，才能慢慢化成可以述說的語言和他人溝通。理論上我們是假設，如果可以慢慢找得到話語來說它們時，會是減輕心理壓力的重要基礎。雖然有可能仍不是這樣就解決了，畢竟人性如此複雜，只是我們不希望因為複雜而避開，而是一步一步給自己機會，當你給自己機會，也給他人機會，就有機會找到更多的話來說它，因為它的變化是多樣的。

註：

2022.04.13蔡英文總統聽取疫情指揮中心報告後指出，現階段的防疫目標是「重症求清零、輕症可控管、正常過生活」，防疫策略持續以「減災」為目標，進行有效的疫情控管。依據過去兩年的防疫經驗，我們建立「新台灣模式」，未來也會透過積極防疫、穩健開放，兼顧國家經濟發展與國民正常生活。為了降低死亡和重症的發生，要持續提高疫苗覆蓋率，也鼓勵民眾與長輩們打滿三劑疫苗，更重要的是要保存醫療量能，包括快篩試劑、抗病毒藥物等整備，維持醫療體系的穩健運作。最後定稿的此刻是四月底了，目前每日感染人數逐日上昇中，還好的是中重度的比例仍低。「快篩實名制」初步規劃5月初上路，1張健保卡每月限購1盒5劑的快篩試劑，價格應可壓在每劑100元左右。祝台灣順利走過，最後階段往全面開放及經濟復甦的路。

薩所羅蘭團隊

【薩所羅蘭的山】

陳瑞君、王明智、許薰月、劉玉文、魏與晟、陳建佑、劉又銘、謝朝唐、王盈彬、黃守宏、蔡榮裕

【薩所羅蘭的風】（年輕協力者）

李宛蓁、魏家璿、白芮瑜、蔡宛濃、曾薏宸、彭明雅、王慈襄、張博健、劉士銘

陳瑞君

諮商心理師

《過渡空間》心理諮商所所長

臺灣精神分析學會會員

臺灣醫療人類學學會會員

臺灣精神分析學會推薦精神分析取向心理治療師

臺灣精神分析學會《台北》心理治療入門課程召集人

松德院區《思想起心理治療中心》心理治療督導

國立臺灣師範大學教育心理與諮商所博士班研究生

聯絡方式:intranspace@gmail.com

王明智

諮商心理師

臺灣精神分析學會會員

《小隱》心理諮商所所長

臺灣精神分析學會推薦精神分析取向心理治療師

臺灣精神分析學會影音小組召集人

松德院區《思想起心理治療中心》心理治療督導

許薰月

諮商心理師

巴黎七大精神分析與心理病理學博士候選人

劉玉文

諮商心理師

看見心理諮商所 治療師

企業／學校／社福機構 特約心理師及身心健康講座、藝療淨化工作坊 講師

臺灣精神分析學會會員

聯絡方式：backtolove99@gmail.com

魏與晟

前臺北市聯合醫院松德院區諮商心理師

臺灣精神分析學會會員

精神分析臺中慢讀學校講師

松德院區諮商心理實習計畫主持

國立臺北教育大學心理與諮商研究所碩士

謝朝唐

精神科專科醫師

中山大學哲學碩士

巴黎七大精神分析與心理病理學博士候選人

劉又銘

精神科專科醫師

台中佑芯身心診所負責人

臺灣精神分析學會推薦精神分析取向心理治療師

精神分析臺中慢讀學校講師

聯絡方式：alancecil.tw@yahoo.com.tw

陳建佑

精神科專科醫師

臺灣精神分析學會會員

精神分析取向心理治療師

高雄市佳欣診所醫師

聯絡方式：psytjyc135@gmail.com

王盈彬

精神科專科醫師

精神分析取向心理治療師

臺灣精神醫學會會員

臺灣精神分析學會會員

臺灣精神分析學會《台南》心理治療入門課程召集人

英國倫敦大學學院理論精神分析碩士

王盈彬精神科診所暨精神分析工作室主持人

聯絡方式：https://www.drwang.com.tw/

黃守宏

臺北醫學大學附設醫院精神科暨睡眠中心主治醫師

臺北醫學大學醫學系專任講師

臺北醫學大學學生事務處學生輔導中心主任

臺灣精神分析學會會員

臺灣精神分析學會台北春秋季班講師

松德院區《思想起心理治療中心》心理治療督導

美國匹茲堡大學精神研究中心訪問學者

蔡榮裕

精神科專科醫師

前松德院區精神科專科主治醫師

臺灣精神分析學會名譽理事長

臺灣醫療人類學學會會員

高雄醫學大學阿米巴詩社社員

松德院區《思想起心理治療中心》心理治療資深督導

聯絡方式：roytsai49@gmail.com

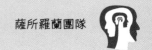

國家圖書館出版品預行編目資料

誰不怕死?疫情下的深度心理學想像／王盈彬、蔡榮裕 合著. --初版.--臺北市：薩所羅蘭分析顧問有限公司，2022.9

面； 公分. --（【薩所羅蘭】精神分析的人間條件；5）

ISBN 978-626-95788-4-9（平裝）

1.CST: 精神分析 2.CST: 心身醫學

175.7 111010028

【薩所羅蘭】精神分析的人間條件 05

誰不怕死？疫情下的深度心理學想像

作　　者　王盈彬、蔡榮裕
校　　對　彭明雅、張博健
發 行 人　陳瑞君
出版發行　薩所羅蘭分析顧問有限公司
10664臺北市大安區和平東路二段201號4樓之3
電話：0928-170048
設計編印　白象文化事業有限公司
專案主編：陳逸儒　經紀人：徐錦淳
經銷代理　白象文化事業有限公司
412台中市大里區科技路1號8樓之2（台中軟體園區）
出版專線：（04）2496-5995　傳真：（04）2496-9901
401台中市東區和平街228巷44號（經銷部）
購書專線：（04）2220-8589　傳真：（04）2220-8505
印　　刷　基盛印刷工場
初版一刷　2022年9月
定　　價　350元